我
们
一
起
解
决
问
题

舞弊调查实务指南

吴炜 王松 王振杰 张鹏◎著

Practice Guide to Fraud Investigation

人民邮电出版社

北 京

图书在版编目（ＣＩＰ）数据

舞弊调查实务指南 / 吴炜等著. -- 北京 ：人民邮
电出版社，2023.7
ISBN 978-7-115-61862-7

Ⅰ．①舞… Ⅱ．①吴… Ⅲ．①企业管理－会计报表－
会计检查－调查－中国－指南 Ⅳ．①F279.23-62

中国国家版本馆CIP数据核字(2023)第096028号

内 容 提 要

舞弊调查是一项充满挑战而又令人兴奋的工作，且备受政府部门、企业管理者和调查人员的关注。但是，由于舞弊调查充满着不确定性和多样性，因此很多调查人员对取证过程和调查技巧一筹莫展。如何处理内部员工？常见的处罚流程有哪些？如何开展挽损工作，追回企业损失？出现漏洞后组织不愿整改怎么处理？工作不被重视，工作成果无法改进企业管理，调查人员如何突破困局？本书的内容旨在解决这些问题。

本书作者不仅在书中详细介绍了舞弊调查的风险和合规问题、证据链理论与调查实践、舞弊案件调查基本流程和调查计划、访谈与访谈记录、舞弊案件闭环处置、投诉举报、舞弊调查官能力培养和反舞弊体系的建立、调查工作心得体会等内容，而且还根据其多年的案件调查工作经验整理了投诉举报案件调查工作指引及相关模板，读者可以根据各自企业舞弊调查工作实际调整使用。本书可以帮助读者不断提高自身舞弊调查能力，从而最终取得自己满意的工作成果。

本书适合所有组织类型中的审计、风控、监察、纪检、廉正等相关从业人员阅读和使用。

◆ 著 吴 炜 王 松 王振杰 张 鹏
责任编辑 贾淑艳
责任印制 彭志环
◆ 人民邮电出版社出版发行 北京市丰台区成寿寺路 11 号
邮编 100164 电子邮件 315@ptpress.com.cn
网址 https://www.ptpress.com.cn
三河市中晟雅豪印务有限公司印刷
◆ 开本：787×1092 1/16
印张：18.75 2023 年 7 月第 1 版
字数：325 千字 2023 年 7 月河北第 1 次印刷

定 价：89.00 元
读者服务热线：（010）81055656 印装质量热线：（010）81055316
反盗版热线：（010）81055315
广告经营许可证：京东市监广登字 20170147 号

推荐序一

当"肥猫"串起"珠子"

审计的价值在于兴利除弊。现代风险导向审计思维模式，要求内部审计人员紧紧围绕组织目标，评估高风险领域或业务环节，开展审计工作。合规风险中的舞弊风险是组织最高的风险之一。国际内部审计准则《国际内部审计专业实务标准》中关于审计"审慎性"的条款明确规定，审计工作的开展首先应该警惕被审计单位舞弊的发生，内部审计师在相同或相似的情形下应该具备审慎态度和技能，在行使应有的职业审慎时，内部审计师应该警惕故意犯错和遗漏、消极怠工、浪费、工作无效、利益冲突、违法乱纪等。由此可见，内部审计师在开展任何审计项目时都应该考虑被审计领域舞弊的发生。

我在 20 多年的内部审计职业生涯中，曾屡次发现有价值的舞弊线索，被降职、降薪、开除、通报批评、移送司法机关的高管大有人在。我在舞弊审计讲座中多次提醒广大审计工作者"尽管审计不是为发现舞弊而存在的，但有五年及以上审计工作经验，却从未发现过舞弊线索的内部审计师不能称之为真正的内审战士"。舞弊审计无疑为审计工作者提出了更大的挑战。正所谓审计难，内部审计更难，舞弊审计难上加难。

有幸遇见"杀手肥猫"吴老师，是在一次舞弊调查中，彼时我正处于极度困惑之中，压力很大。他是一名公安出身、非常热情和专业的"肥猫"（绰号"杀手肥猫"），他的舞弊访谈围城策略之"串珠子"给我留下了深刻的印象。他告诉我要"先找珠子，再筛选珠子，最后串珠子；访谈现场中要利用围城策略……"，调查过程可以说是"步步惊心"。他分文未取全程指导我破获了一起大案，最后成功地将舞弊分子绳之以法。

近日，我有幸提前细细品味了吴老师的这本书，对处理举报、舞弊调查、压力访谈等有了更深入和更成体系的理解和把握。这本书对我们广大审计、监察等监督工作从业人员来说，真可谓金玉良言、字字珠玑。感谢吴老师用心萃取的宝贵实战经验，这本书将帮助我们在兴利除弊为组织增加价值的道路上，披荆斩棘、事半功倍。

当审计发现舞弊、当"肥猫"串起"珠子"时，便好戏连台了。

是为序！

付淑威
《风险导向内部审计实务指南》作者
自媒体"快乐内审""快乐内审威姐"主理人
2023 年 3 月于西子湖畔

推荐序二

以案促制，合规发展

时至今日，企业合规话题的热度仍然不减，着手构建合规管理体系的企业也越来越多。2022 年 8 月，国资委发布的《中央企业合规管理办法》不仅为国企的合规管理体系建设提供了明确的标准和要求，同样为民营企业的合规管理工作提供了重要的参考和指引。但是合规涵盖的领域非常广泛，包括反腐败反贿赂合规、反垄断反不正当竞争合规、数据安全合规、知识产权合规、跨境贸易合规等诸多方面，对需要从 0 到 1 构建合规管理体系的企业来说，从何处着手、如何落地、如何保证投入的资源产生经济效益等都是面临的实际问题。

对合规零基础的企业来说，怎么开展合规工作呢？我给出的答案是：从专项合规开始，再由点及面建设大合规体系。行业类型的不同、企业规模和发展阶段的不同，决定了企业首要合规义务的不同，弄清楚了哪个合规专项最重要、最迫切，就从哪里着手。但是，在开展合规管理工作的过程中，有一个合规专项是所有企业都绕不开的，也是必须做的，那就是"反腐败反贿赂合规"。为什么这么说呢？

第一，反腐败反贿赂合规是基本的法律要求，关乎企业经营行为的合法性。

生意场上的人情往来大家似乎已经习以为常，不花钱打点关系就拿不到订单也成了很多企业根深蒂固的想法。但是《中华人民共和国反不正当竞争法》（以下简称《反不正当竞争法》）明确规定了经营者不得采用财物或者其他手段贿赂特定的单位或者个人，以谋取交易机会或者竞争优势，情节严重的，可能被吊销营业执照。

第二，反腐败反贿赂合规能有效降低企业的经营成本，对于企业健康经营意义重大。

近几年，很多明星企业轰然倒塌和独角兽企业夭折的背后，都暴露出了贪腐问题。供应商行贿采购经理后获得了订单，而给企业的报价却翻了一倍，这就意味着企业在该项采购支出上多花了一倍的钱。销售人员虚构订单，在货物出库后转手卖掉，钱进了销售人员自己的腰包。这样的案例在企业中比比皆是。

第三，反腐败反贿赂合规能够保护企业品牌，提升消费者的信任度。

腐败和贿赂毫无疑问是有成本的，例如，供应商行贿的成本会转嫁到企业，最直接的体现就是提供的货物或服务以次充好，这毫无疑问会给消费者造成负面的体验。这也就意味着反腐败反贿赂合规不仅关乎企业诚信形象的提升，更关乎消费者信任度的提升。

既然反腐败反贿赂合规如此重要，那么如何确保将其有效落地而不是空喊口号呢？相信很多从业者都会有跟我相同的答案：以案促治，即以腐败案件的查处为起点，完善企业管理流程，塑造廉洁诚信文化，形成反腐败反贿赂合规治理闭环。

从企业审计、监察的视角看，无论反腐败反贿赂合规体系被描述得多复杂，都要回归到根本——案件调查。这本《舞弊调查实务指南》完整地阐述了案件调查工作的本质和基本逻辑，这不仅得益于几位老师在一线的丰富办案经验，更在于他们加入企业后对商业本质和业务模式的深入理解。万丈高楼平地起，扎实的案件调查就是反腐败反贿赂合规工作的"地基"，对于零基础的从业者，《舞弊调查实务指南》是必备的工作手册；对于有经验的从业者，《舞弊调查实务指南》是梳理工作思路的辅助工具。在此推荐给立志于从事反腐败反贿赂工作的同行们！

段秋斌

2023 年 3 月 20 日

前　言

笔者从事审计监察工作 10 多年了，主导审计 / 调查的项目 100 余个。回顾工作历程，成长之路漫长而又曲折。

本质上来说，舞弊调查工作的最终目的是查明案件的事实，挽回企业损失，改善企业管理，进行闭环控制。无论内部处置还是外部处置，抑或是刑事报案和民事诉讼，都围绕着舞弊事实和法定证据展开。而舞弊事实的认定又基于法定证据，换言之，舞弊调查的核心工作是获取法定证据。调查人员在开展调查工作时，需要特别关注法定证据的取得，这种工作模式更接近于司法机关的案件调查，其核心思维就是"法证"思维。

"法证"思维是基于传统的证据链理论的一种思维方式：

第一，要牢记围绕着法定证据的获取开展工作；

第二，要特别关注证据的灭失和真伪，尤其关注调查行为对证据获取的影响；

第三，要全面了解法定证据的认定条件和固定方法；

第四，要注意搜集"无罪"证据和"有罪"证据；

第五，要注意证据和舞弊事实之间的循环论证关系。

本书的舞弊调查实务基础相关内容，就是运用"法证"思维，围绕法定证据的获取和固定，来全面阐述舞弊调查的工作方法的。

一、本书的起源

对于本书，笔者已经构思了很长时间，在 2016 年前后就已经搭建出基础的结构框架，2019 年已经在外部公开课上将部分内容进行了宣讲。

本书的创作源自"萨傲审计俱乐部"举办的一次线下活动，当时笔者作为舞弊调查专家分享了一些舞弊调查的心得体会。现场有一位审计同人希望笔者能将相关的调查经验整理出来，撰写一本舞弊调查的教程，让更多的人了解、掌握舞弊调查的相关技能。

彼时市面上有关舞弊调查的讲座和培训很少，且培训的内容大多集中在理论层面。而笔者已从事舞弊调查工作多年，积累了很多实践经验，也希望能写出一本适合大家阅读的、能够指导舞弊调查实践的图书。之后的数年，笔者一直不断学习、积累，对自己的调查经验进行整理、归纳，在经历数次调整后，最终撰写出了本书。

二、本书的主要内容

舞弊调查是一门经验学科。舞弊调查人员面对的是千变万化的舞弊类型和千人千面的舞弊嫌疑人。同类型的舞弊案件，也都有或多或少的差异。每个舞弊嫌疑人都有不同的人格特征，可能实施不同的反侦察行为。这些都导致舞弊调查人员在应对不同类型的案件时，没有办法采用完全相同的调查策略。

但是舞弊调查工作确实又有一些非常实用的、成熟的基础工作法。这些基础工作法主要源自司法机构流传下来的传统调查理论，以及现代审计理论中的审计工作法。本书的主要内容是笔者从企业舞弊调查的实践经验出发，融合司法机构传统调查理论和现代审计工作法，结合笔者对舞弊调查的理解和思考，总结出的企业舞弊调查的基础工作法。

企业的舞弊调查人员，没有公权力的支持，无法和司法机构一样运用各种技术手段开展调查工作；只有不断积累实际工作经验，将这些基础工作法运用到极致，才能落实相关证据，攻破舞弊嫌疑人的防线，将舞弊案件调查清楚。

三、本书的写作目的

笔者刚进入企业开展反舞弊工作的时候，在开展舞弊案件调查工作时遇到了很多困难。

第一，身份转变和公权力的丧失。笔者曾是一名公安民警，成为企业的舞弊调查人员之后，很多公安机关所特有的侦查手段便无法再继续使用了。缺失了这些侦查手段，当时的笔者立即失去了对舞弊嫌疑人活动轨迹、经济情况、资金往来的调查能力。

第二，企业内部的舞弊发生在企业日常运作的各个环节，大多数舞弊嫌疑人都是利用企业内管理漏洞和制度缺陷，使用企业赋予的各种权力，实施舞弊行为。在企业内开展舞弊调查工作时，必须熟悉企业的管理运行模式，掌握相关的业务知识。这些海量的知识，对当时的笔者来说，无疑是需要花费大量的时间和精力去学习的。

第三，企业经营是为了更好地营利，企业内的舞弊调查工作是为企业经营服务的。在企业内开展舞弊调查工作时，不能仅考虑"惩恶扬善"，还需要在企业的经济利益和相对公平之间找到平衡，这种平衡也就意味着妥协，而这在当时是笔者难以接受的。

这些都导致笔者在企业反舞弊生涯的头几年里举步维艰，处处碰壁。

幸运的是，在企业反舞弊道路上一路走来，有很多前辈给了笔者莫大的帮助。在笔者困惑、焦虑，百思不得其解的时候，公安系统的老前辈给笔者传授了走访、谈话的传统技巧和工作思路；业内著名的采购风控专家给笔者讲述了采购舞弊的常见手法和管控措施；很多审计、内控、合规方面的老师，给笔者分享了企业管理的核心理念和控制模型。正是这些知识帮助笔者快速提高了企业舞弊调查能力，使得笔者在之后的反舞弊工作中取得了一定的成绩。

这些前辈老师，将他们多年的经验、毕生所学，无私地传授给了笔者。他们的目的非常简单，就是"传承"。他们传承的不仅有与"舞弊"斗争的经验和知识，还有与"舞弊"永远战斗下去的信念。

笔者将自己在舞弊调查工作中最核心最实用的工作经验，整理总结出来，撰写成这本《舞弊调查实务指南》，就是希望能够帮助每一位读到本书的舞弊调查人员，让"传承"继续。

生命不息，战斗不止，共勉。

吴炜

2023 年 5 月 8 日于北京

目　录

引　言

　　笔者近年来外出授课和交流的时候，时常被别人问起如何提高自己的业务技能。也有很多同行，对舞弊调查工作感到非常困扰，存在各种疑问。为此笔者特别做了一项调研，发现大家对舞弊调查工作主要有以下几类困惑。

一、舞弊线索相关困惑

　　（1）怎么发现舞弊线索？

　　（2）如何设立投诉举报途径？

　　（3）如何扩充举报途径？

二、调查实操相关困惑

　　（1）收到举报之后怎么开展工作？

　　（2）如何对舞弊线索进行解析与求证？

　　（3）如何快速收集法证信息？怎么固定证据？

　　（4）如何开展舞弊调查？

　　（5）如何对舞弊嫌疑人进行访谈？

三、难点破冰相关困惑

（1）如何找到索贿受贿的直接证据？

（2）案件调查进入了死胡同，如何寻找突破口？

（3）非公人员受贿、侵占、挪用等案件一般很难受理，如何寻求外部资源帮助？

四、后续闭环相关困惑

（1）如何处理内部员工？常见的处罚流程是什么？

（2）如何开展挽损工作，追回损失？

（3）出现漏洞后组织不愿整改怎么处理？

（4）工作不被重视，工作无法改进企业管理，调查人员如何突破困局？

…………

本书内容主要围绕上述问题展开。在尽量全面详尽地解答这些问题的同时，会专门提炼出相对清晰完整的方法论和理论体系，为读者提供一条可以参考的学习和发展路线，以帮助读者查缺补漏。

舞弊调查本身是一门经验学科，尤其注重理论和实践的统一。每一位合格的舞弊调查人员，都应该具备较强的洞察力、逻辑推理能力、抗压能力及行动力。

洞察力主要来自对世界本质的认知。理论学习是对世界本质的不断深入了解，"博学"也许是所有合格的舞弊调查人员的共同属性。笔者专门在本书中列出了开展舞弊调查工作必备的基础理论知识，这些基础理论知识涉及企业经营管理的方方面面。不同的企业有着不同的运行模式和管理模型，也存在着不同的业务类型，这些是企业的"个性"。在这些"个性"中，可以找到很多共通的行业规律即"共性"。无论"个性"还是"共性"，对舞弊调查人员来说，都是必须学习的内容。

坚持学习，是每一位舞弊调查人员的基本素质。

舞弊调查实践围绕着"法证"思维展开。在合法合规的基础上，舞弊调查人员需充分运用所有能够使用的调查手段，查清事实，获取证据。企业的舞弊调查人员主要围绕"人"这一调查对象开展工作，而"人心"的不确定性往往导致沟通交流能力决定着调查的成败。相对于司法机关调查人员，企业的舞弊调查人员更类似于侦探或律师，可用的调查手段大多更加朴素和原始，因此需要将一些传统的调查手段发挥到极致。这些传统的调查手段的综合运用能力（逻辑推理能力、沟通交流能力、证据搜集固定能力等）无法通过单纯的理论学习快速建立，而是需要通过不断实践，不断积累失败与成功的经验来培养。这些能力需要长时间的积累。三年入门，五年出师，十年独当一面，可以说是这个行业的真实写照。

　　本书的舞弊调查实务基础部分，来自笔者多年从事案件调查工作的经验总结。笔者通过不断的学习和实践，将失败的教训和成功的经验凝练升华，最后汇集整理成这部分内容。读者可以结合自身实际，有针对性地开展学习和实践，坚持知行合一，不断提高自身舞弊调查能力，从而最终取得令自己满意的工作成果。

第一章　　　　舞弊调查的风险和合规问题

在开展舞弊调查工作前，我们必须深入探讨一下舞弊调查中的风险和合规问题。舞弊调查工作事实上存在相当的风险，企业的舞弊调查相比于公检法部门的调查缺乏公权力的支持。企业的舞弊调查人员就是普通的员工，与被调查员工之间是平等的同事关系。"舞弊"本身的利益属性和金钱属性，导致了舞弊调查必定会影响舞弊相关人员的既得利益，舞弊嫌疑人有充分的动机来阻碍、破坏舞弊调查工作。因此舞弊调查人员可以说属于"高危"职业，"高危"既体现为人身和家庭安全风险，也体现为个人职业发展风险，还体现为触犯国家法律法规的风险。

舞弊调查工作需要严守"合法合规"的底线。在企业 KPI（关键绩效指标）的压力之下，在绩效奖金的利益驱动之下，有部分舞弊调查人员不遵守国家法律，侵犯员工的合法权益，使用违法手段开展调查工作，可能在短期内取得了一些成果，但是长期来看，无论对个人还是对整个企业，都存在巨大隐患，从而违背了企业反舞弊工作的初衷。在这件事上，是有代价惨痛的案例的，读者可以自行去互联网上搜集阅读具体的案例，这里就不赘述了。

　　舞弊调查的合规性问题还会引发一些深层次问题。

　　反舞弊工作的底层规则就是通过对舞弊行为的调查和惩处，发挥震慑作用，让员工"不敢腐"；完善配套制度，形成"不能腐"的企业内部环境；配合给付员工合理报酬，为员工提供发展的机会和空间，最后达成员工"不想腐"的整体效果。

　　持之以恒地对舞弊案件进行深入调查，严厉惩处舞弊分子，能够对舞弊分子形成一定的震慑力。人们会发现，在企业内部流传着这样的说法："审计、监察就是东厂、西厂""审计、监察就是老板排除异己的工具"。这些说法在某种程度上，代表着反舞弊工作威慑力的形成，也代表着企业内部的氛围正向着"非正义"方向发展。一个"非正义"的组织、一个没有正向激励的组织，是无法留住优秀人才的，也是无法长久存在的，这是每一位舞弊调查人员在开展工作时必须时刻关注的问题。

　　保持舞弊调查的合规性，就是严守"合法合规"的底线，充分保护调查对象的合法权益，使用合法合规的调查手段开展工作。这既是最大限度降低调查风险的需要，也是保持正义、维护正向组织氛围的需要。当然，这会增加调查的难度，限制了可以使用的调查手段，从而要求从事舞弊调查工作的调查人员具备更高的专业素质。

第一节
舞弊调查中的合法合规问题

笔者对现代企业合规管理的理解是这样的，企业合规管理包括以下三个基本层级（见图 1.1）。企业所在地的国家层面的法律法规（包含地方性法规）是企业合规管理的基础和最低要求，企业所在行业的规定（包括企业主动参与而生效的行规和不用主动参与但属于行业普遍规则而生效的行规）及一些普世道德是企业合规管理的扩展要求，企业内部的规章制度是基于这些制定出来的。有关企业合规管理的详细内容，大家可以阅读胡国辉老师的《企业合规概论》一书。

图 1.1　企业合规管理的三个基本层级

企业合规管理的内容相当宽泛，涉及多个领域。对企业舞弊调查人员来说，企业合规管理与舞弊调查关系密切，主要体现在以下几个方面。

一、法律法规

在开展舞弊调查工作时，首要关注的是国家法律法规对公民基本权利的相关规定，在《中华人民共和国宪法》（以下简称《宪法》）中，主要规定了公民具有以下基本权利和义务。

《中华人民共和国宪法》第二章　公民的基本权利和义务（节选）

第三十三条　凡具有中华人民共和国国籍的人都是中华人民共和国公民。

中华人民共和国公民在法律面前一律平等。

国家尊重和保障人权。

任何公民享有宪法和法律规定的权利，同时必须履行宪法和法律规定的义务。

第三十四条　中华人民共和国年满十八周岁的公民，不分民族、种族、性别、职业、家庭出身、宗教信仰、教育程度、财产状况、居住期限，都有选举权和被选举权；但是依照法律被剥夺政治权利的人除外。

第三十五条　中华人民共和国公民有言论、出版、集会、结社、游行、示威的自由。

第三十六条　中华人民共和国公民有宗教信仰自由。

任何国家机关、社会团体和个人不得强制公民信仰宗教或者不信仰宗教，不得歧视信仰宗教的公民和不信仰宗教的公民。

国家保护正常的宗教活动。任何人不得利用宗教进行破坏社会秩序、损害公民身体健康、妨碍国家教育制度的活动。

宗教团体和宗教事务不受外国势力的支配。

第三十七条　中华人民共和国公民的人身自由不受侵犯。

任何公民，非经人民检察院批准或者决定或者人民法院决定，并由公安机关执行，不受逮捕。

禁止非法拘禁和以其他方法非法剥夺或者限制公民的人身自由，禁止非法搜查公民的身体。

第三十八条　中华人民共和国公民的人格尊严不受侵犯。禁止用任何方法

对公民进行侮辱、诽谤和诬告陷害。

　　第三十九条　中华人民共和国公民的住宅不受侵犯。禁止非法搜查或者非法侵入公民的住宅。

　　第四十条　中华人民共和国公民的通信自由和通信秘密受法律的保护。除因国家安全或者追查刑事犯罪的需要，由公安机关或者检察机关依照法律规定的程序对通信进行检查外，任何组织或者个人不得以任何理由侵犯公民的通信自由和通信秘密。

　　第四十一条　中华人民共和国公民对于任何国家机关和国家工作人员，有提出批评和建议的权利；对于任何国家机关和国家工作人员的违法失职行为，有向有关国家机关提出申诉、控告或者检举的权利，但是不得捏造或者歪曲事实进行诬告陷害。

　　※ 未完全列举。

　　上述内容在不同的实体法中均有相应的具体规定，在刑法中对侵犯上述权利明确了最严厉的惩罚措施。在反舞弊调查过程中，一旦触犯这些相关的法律，就会承担违法的后果。一般与舞弊调查人员开展工作密切相关的法律主要有《中华人民共和国刑法》（以下简称《刑法》）《中华人民共和国民法典》（以下简称《民法典》）《中华人民共和国劳动法》（以下简称《劳动法》）等。

　　舞弊调查具体实践中需要特别关注的是公民的人身权利和社会经济权利。

　　1. 人身权利

　　人身权利又称人身非财产权，是指与人身直接相关而没有经济内容的权益，是公民的基本权利之一。人身权利包括生命健康不受侵犯，人身自由不受侵犯，人格尊严不受侵犯，住宅不受侵犯，通信自由和通信秘密不受侵犯，等等。

　　2. 社会经济权利

　　社会经济权利是指公民享有的经济生活和物质利益方面的权利，是公民实现其他权利的物质基础。社会经济权利主要包括以下内容。

　　一是财产权，是指公民对其合法财产享有的不受非法侵犯的权利。公民合法的私有财产不受侵犯。国家依照法律规定保护公民的私有财产权和继承权。

二是劳动权，是指有劳动能力的公民有从事劳动并取得相应报酬的权利。同时，劳动是一切有劳动能力的公民的光荣职责。《宪法》规定，中华人民共和国公民有劳动的权利和义务。

三是休息权，是指劳动者为保护身体健康和提高劳动效率，根据国家有关法律与制度而享有的休息和休养的权利。《宪法》规定，中华人民共和国劳动者有休息的权利。

四是物质帮助权，是指公民因特定原因不能通过其他正当途径获得必要的物质生活手段时，从国家和社会获得生活保障、享受社会福利的一种权利。《宪法》规定，中华人民共和国公民在年老、疾病或者丧失劳动能力的情况下，有从国家和社会获得物质帮助的权利。国家应建立健全同经济发展水平相适应的社会保障制度。

问题：在开展舞弊调查时，哪些行为可能触犯刑法？

舞弊调查人员开展舞弊调查时，如果实施下列行为可能触犯刑法。

（1）刑讯逼供，变相体罚，可能触犯故意伤害罪。

（2）限制调查对象的人身自由，可能触犯非法拘禁罪。

（3）未经许可进入调查对象住宅，可能触犯非法侵入住宅罪。

（4）未经许可搜查调查对象的私人物品，可能触犯非法搜查罪。

（5）禁止调查对象与外界联系，可能触犯妨碍通信自由罪。

（6）购买调查对象个人公民信息，可能触犯侵犯公民个人信息罪（近几年的司法关注重点）。

※ 未完全列举。

二、普世道德、行业规范和企业管理规范

（一）普世道德

普世道德涉及的内容比较宽泛，一般是指公序良俗、民族习惯、地方风俗等。

尤其是要注意一些少数民族特殊的习惯、忌讳等。在少数民族聚集区开展工作，或工作对象是少数民族时，要特别照顾其特殊的民族习惯。利用特殊民族习惯对其实施压迫、逼迫等行为，很容易造成民族对立，引发群体性事件，也会给企业形象造成负面影响。

（二）行业规范

行业规范一般指行业内运行的、没有国家统一标准的行业内部规范，常见的行业规范如行业标准。

行业标准是在全国某个行业范围内统一的标准。行业标准由国务院有关行政主管部门制定，并报国务院标准化行政主管部门备案。当同一内容的国家标准公布后，则该内容的行业标准即行废止。行业标准由行业标准归口部门统一管理。行业标准的归口部门及其所管理的行业标准范围，由国务院有关行政主管部门提出申请报告，国务院标准化行政主管部门审查确定，并公布该行业的行业标准代号。

需要注意的是，有部分行业规范在参与企业签署协议后才具有一定约束力。还有部分行业规范并不需要参与企业签署相关协议，而是直接具有一定的约束力，这些规范属于行业内通用准则，如常见的旅店业住宿退房时间为中午 12 时。

（三）企业管理规范

企业管理规范一般是在合法合规的基础上，结合企业自身情况制定的一些内部工作规范。依据企业管理规范开展工作时要注意以下几个方面。

（1）注意管理规范中条款是否满足合法合规的要求（底线）。

（2）注意管理规范的颁布日期和约束对象，未经正式下发的管理规范没有约束力。

（3）多个管理规范出现矛盾时，通常以最有效力和最后颁布的版本为准，若存在争议，则需要多部门讨论解决（一般是人力、法务、内控等部门合议）。

三、舞弊调查合法合规工作策略

（一）组织授权与调查组织工作规范

1. 组织授权

调查组织除了要严守法律底线外，还有一个关键的前提，就是企业给调查组织充分授权。前面已经提到调查人员和调查对象（企业内部人员）之间是平等的同事关系，调查工作其实就是企业的日常工作。那么，调查对象是否配合，就成为调查工作能否开展的前提和基础。

问题：舞弊调查人员通常需要企业授予哪些权力才能开展调查工作？

舞弊调查人员开展调查时，通常需要以下授权。

（1）要求调查对象提供与调查事项有关的文件、资料、财务账目及其有关材料。

（2）查阅、复制、暂扣、封存与违反制度和纪律行为有关的文件、资料、财务账目及其有关材料。

（3）要求调查对象立即停止正在进行的侵害行为。

（4）责令涉嫌单位和调查对象在被调查期间不得变卖、转移、损毁有关财物，必要时可采取保全措施。

（5）约谈和质询调查对象，要求调查对象就调查事项所涉及的问题做出解释说明。

（6）责令涉嫌严重违反企业规章制度的调查对象停职、停薪，并要求其在指定时间、指定地点就调查事项所涉及的问题做出解释说明。

（7）对调查事项涉及的非直接监察对象进行求证、询问。

※ 未完全列举。

特别关注事项

上述内容也是员工权益告知书里的主要内容，一般应在员工手册中明确体现，这也是调查组织开展工作的前提。

---

2. 调查组织工作规范

调查组织内部也必须制定对应的工作规范，规范内应有明确的工作流程、工作范围、工作方法、工作纪律等内容。除规定员工奖惩内容之外，调查组织还应制定更严苛的工作纪律，明确红线标准和严厉的处罚措施。

问题：舞弊调查组织一般都有哪些工作纪律？

舞弊调查组织的内部工作纪律主要是调查时禁止事项，通常包括以下内容。

（1）除企业 CEO（首席执行官）、部门直属上级、本次参与调查人员之外，严禁向任何人透露案件情况、调查计划、举报人情况等重要信息。

（2）严禁将调取资料、数据丢失或泄露。

（3）严禁违法收集证据。

（4）严禁采取打骂、侮辱、非法拘禁等手段对调查对象进行人身侵害。

（5）严禁索要、收受贿赂。

（6）严禁接收调查对象的宴请招待，以及参与其他可能影响调查公平性的活动。

（7）严禁调查期间与案件相关的人员进行非工作性质接触。

（8）严禁超越本职权限。

（9）其他国家法律规定及企业制度规定的禁止事项。

一个成熟的调查组织会形成自己的工作指导手册，下发到全体组织成员，并签署相关廉洁协议。要在组织内持续宣教和不断强调相关规定，经常开展自查自纠工作，对违反规定的成员严厉处置（具体内容请详见反舞弊组织建立相关章节）。

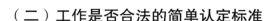

（二）工作是否合法的简单认定标准

对大多数调查组织来说，复杂的法律规则并不具有很好的适用性。绝大多数调查人员在开展具体实践时，需要一个相对容易判断是否合法合规的工作标准，以便指导自己的工作。在结合多个法律法规要求，以及国内外的合规要求后，我们尝试着制定了这样一个简单推定调查工作是否合法合规的工作标准。这一标准已经在很多企业内推广使用，并获得认同。这个判断标准主要包括以下几个步骤。

1. 履行告知义务

在开展调查前，向调查对象明确告知其权利和义务，并出具权利义务告知书，要求其签字确认，并告知其维权和举报途径。

2. 人身自由保障

检查是否限制调查对象人身自由权利，有无侵害调查对象的基本行动自由。不得限制调查对象通话、就餐、上厕所等基本的自由，未经调查对象同意，不得要求其在非正常工作时间配合调查工作，不得变相对其采取拘禁、扣押措施。

3. 人身安全保障

（1）检查是否充分保证了调查对象的人身安全，是否对调查对象辱骂、威胁、人身伤害，严禁与调查对象发生肢体接触。对于异性调查对象，需要有同性的调查员在场或是同性的工作人员陪同。

（2）变相的威胁恐吓行为都是严令禁止行为，包括拍桌子、变相体罚、嘶吼等，具体尺度请自行把握。

（3）调查对象情绪激动时要缓和其情绪，防止其出现过激行为。

（4）调查对象身体不适时要及时送医。

（5）检查是否存在其他可能影响调查对象人身安全的情形。

4. 个人隐私保障

（1）检查是否未经准许搜查、检查调查对象的个人物品，翻看手机通话记录、微信聊天记录、银行转账信息等。检查企业配发的办公计算机时，要询问哪些内容是工作相关内容，哪些是个人隐私内容，对于个人隐私内容，未经准许不得查看。

（2）不要询问与案件调查无关的涉及个人隐私的问题。如果是与案件调查有关

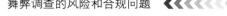

且涉及个人隐私的问题，调查对象有拒绝回答的权利。

（3）检查是否存在其他可能侵犯公民个人隐私权的行为。

5. 其他公民权益保障

实践中一些常见的相关问题如下。

（1）调查时能否录音录像的相关问题。

问题：内部访谈时录音录像是否合法合规？隐蔽录音录像是否合法合规？

在不侵犯员工隐私的情况下，在公共场合录音录像是合法的；如果在更衣室、休息室等涉及个人隐私的地方录音录像，那么侵犯了员工的个人隐私，是违法行为。

在日常司法实践中，一般情况下，即使在对方不知情的情况下进行偷录，所获得的录音录像资料仍然可以作为认定事实的根据。前提是首先这种偷录行为是对双方民事活动的真实记载，能够对查明案件事实起较大作用；其次这种偷录行为并未对对方的合法权益造成实质性损害，也没有违反法律对取证手段的强制规定。但是在搜集录音录像资料时，请注意不要使用间谍手段。

间谍手段主要包括使用窃听、窃照等专用间谍设备，例如，在对方家中安装窃听器、窃录器的行为。我国法律禁止个人非法使用间谍设备。《刑法》第 284 条规定，非法使用窃听、窃照专用器材，造成严重后果的，处二年以下有期徒刑、拘役或者管制。不构成刑事犯罪的，也要依照《中华人民共和国治安管理处罚法》（以下简称《治安管理处罚法》）的相关规定给予处罚。很明显，使用间谍设备的行为违反了我国对于该种设备的管理秩序，是我国法律所严格禁止的。因此，使用间谍手段所获得的一切材料包括录音录像不仅不能作为证据使用，而且还要受到相应的刑事或行政处罚。

综上所述，在民事诉讼中，录音录像只要符合我国法律对于证据真实性、合法性、关联性的要求，并且不违反相关的国家法律法规，就能够作为认定案件事实的证据。

以下相关规定可作为参考。

《最高人民法院关于民事诉讼证据的若干规定》第十五条 当事人以视听资料作为证据的，应当提供存储该视听资料的原始载体。当事人以电子数据作为证据的，应当提供原件。电子数据的制作者制作的与原件一致的副本，或者直接来源于电子数据的打印件或其他可以显示、识别的输出介质，视为电子数据的原件。

第二十三条　人民法院调查收集视听资料、电子数据，应当要求被调查人提供原始载体。

提供原始载体确有困难的，可以提供复制件。提供复制件的，人民法院应当在调查笔录中说明其来源和制作经过。

人民法院对视听资料、电子数据采取证据保全措施的，适用前款规定。

第九十条　下列证据不能单独作为认定案件事实的根据：

（一）当事人的陈述；

（二）无民事行为能力人或者限制民事行为能力人所作的与其年龄、智力状况或者精神健康状况不相当的证言；

（三）与一方当事人或者其代理人有利害关系的证人陈述的证言；

（四）存有疑点的视听资料、电子数据；

（五）无法与原件、原物核对的复制件、复制品。

问题：员工特别抵触录音录像，该如何处理？

如果员工特别抵触录音录像，可以向其阐明录音录像是为了监督舞弊调查人员的行为，保护调查对象，录音录像地点属于公共场所，不涉及对方隐私（注意，录音录像人员范围应涵盖舞弊调查人员和调查对象）。

当然也可以表明这是企业内部调查机构相关工作规定，给调查对象施加一定的压力（这方面内容将在压力访谈部分着重阐述）。

（2）员工权利义务告知相关问题。

问题：公司反馈员工签署权利义务告知书时有强烈抵触情绪，该如何处理？

与公司管理层进一步沟通，让其明白，员工签署权利义务告知书是舞弊调查的必要环节，是为了最大限度保护公司，防止引发诉讼风险。让员工签署权利义务告知书也是大多数在合规管理上处于领先地位的公司的共同选择。很多公司都明文规定开展调查工作时需要执行上述流程。当然，如果公司实在反对，那么可以采取录音录像这种折中方式，由调查人员当面告知并留痕。

问题：公司不让履行告知义务，觉得会影响员工关系，该怎么沟通？

与公司管理层深入沟通并让其明白履行告知义务的重要性，并且告知其不履行告知义务可能遇到的法律和公关风险。不履行告知义务，不仅公司可能由于员工因不了解相关规定而拒绝配合，最终面临法律风险；还有可能出现员工个人非正常解读公司调查行为，引起员工内部非正常传递信息，最终导致群体性事件，或引发外部关注的公关事件。

问题：怎么履行对公司编外员工的告知义务？

通常公司编外员工主要有劳务派遣和劳务外包两种形式，二者的不同之处主要如下。

劳务派遣和劳务外包最直接的区别在于劳动者管理权的归属。根据相关法律规定，劳务派遣中的劳动者管理权与法律意义上的用人单位分离，劳动者与劳务派遣单位建立劳动关系，签订劳动合同，但是劳动者必须遵守用工单位的规章制度；劳务外包中，发包单位对承包单位的员工不进行直接管理，劳动者工作形式和工作时间由承包单位自行安排，劳动者在不影响发包单位的合法利益基础上，按照承包单位的规章制度开展工作，不受发包单位规章制度的约束。

从相关法律规定中可以得出：劳务派遣的员工近似等于本单位内部员工，可以适度对其开展舞弊调查工作，当然也包括履行告知义务（实际工作中，还是与直接签订劳动合同的员工有些许差异）；劳务外包的员工其实等于企业外部工作人员，适用于外部调查，对其不用履行适用于内部员工的告知义务。

第二节
舞弊调查风险概述

一、常见的舞弊调查风险

除了常见的违法违规风险外，开展舞弊调查还可能引发其他风险。

（一）舞弊调查人员被控告的风险

调查工作具有敏感性和对立性，舞弊调查人员违法违规开展舞弊调查工作，可能会被投诉、控告；正常行使调查职能时，也可能会受到恶意的投诉、控告。**舞弊调查人员满足合法合规要求开展工作，只能一定程度地降低这种风险，但是并不能消除这种风险。**

舞弊调查人员可能被企业内部控告，也可能被外部监管机构控告。

内部控告主要情形包括控告人向主管上级投诉、向企业管理层投诉等，可能会导致一定的公关危机。

外部控告主要情形包括控告人拨打 110 报警电话报警、拨打 12345 政务热线、直接向劳动局投诉等，控告人也有可能直接通过微博、抖音等社交平台直接表达诉求，这些都有可能引发涉及整个企业的公关危机。

（二）舞弊调查人员人身安全的风险

由于调查工作的敏感性、对立性，以及缺乏充分的公权力保障（主要是指刑法内的公权力），舞弊调查人员开展调查工作时，经常会遇到阻碍。遇到阻碍时，由于对立的升级，舞弊调查人员的人身安全可能会受到一定的威胁。

这种风险会一直存在，且无法消除，舞弊调查人员可以通过一定的预防工作来降低风险。

在隐蔽调查、外部暗访时，可能会由于某种原因，如调查对象对舞弊调查人员身份的误解，或是暗访工作造成调查对象的危险感知，从而引发矛盾和冲突，进而导致舞弊调查人员面临人身安全风险。

这种风险也会一直存在，且无法消除。

（三）调查工作泄密的风险

在开展调查工作的同时，调查对象经常可以通过舞弊调查人员已经采取的行动，来判断舞弊调查人员的调查方向和意图获得的证据。这些调查工作的核心秘密一旦被泄露，调查对象知悉后，其往往可以通过通气串供、毁灭证据来破坏调查工作。

调查工作泄密的后果往往非常严重，但又无法完全避免。

（四）调查目的未达成的风险

由于种种原因，最终无法查清事实，后续工作无法继续，对舞弊调查组织来说，这是一种隐形的风险，会导致调查组织在企业内部逐步失信，丧失威慑力和公信力，最终导致舞弊调查组织走向灭亡。

这种风险会一直存在，且无法消除，但舞弊调查人员可以通过不断提高工作水平来降低这种风险。

（五）调查组织失信的风险

每一次失败的调查工作，每一个被质疑成功的调查结论，每一项无法开展的闭环工作最终都会导致调查组织逐步失信。这里的失信包括几个方面，既包括失去在全体员工面前的公信力，也包括失去上级领导层面的信任，还包括失去调查组织自身的威慑力等，最终会导致舞弊调查组织走向灭亡。

这种风险会一直存在，且无法消除，但舞弊调查人员可以通过严格落实每一项工作，保证调查工作的成功率来降低这种风险。

二、舞弊调查风险控制

（一）舞弊调查风险控制原则

为了规避或尽量减少上述风险的发生，舞弊调查人员在开展舞弊调查工作时，一般要遵循四项工作原则。

1. 守法合规工作原则

前面已经完整阐述了守法合规开展舞弊调查工作的重要性，守法合规是保证舞弊调查工作正义性和正确性的前提，也是为了最大限度保护调查组织本身。

2. 无罪推断工作原则

在绩效考核压力之下，很多调查人员的习惯性思维是有罪推论，用一些推导出的可能性代替证据做出最终结论，而拒绝接受调查对象的辩解和申诉。这种舞弊调查人员自身的工作漏洞或者说视角问题，很容易导致调查结果与实际不符，或者是导致调查结论缺乏有力证据支持，从而最终导致调查结果被质疑成功。这样会严重影响舞弊调查组织的权威性，使调查组织失信。

3. 不败为先工作原则

企业舞弊调查人员在受限的调查条件下，经常无法真正获得确凿的证据来支持调查结论。很多时候可以认定存在失职，但是无法认定舞弊。舞弊调查人员在最终做出处理决定时，按照失职进行处置又心有不甘。这时的处置原则应为尽量保持不败，也就是不会被质疑成功。未被质疑成功，后续还有机会继续跟进，以便后续突破。但是一旦失败了，很可能不再具备继续调查的条件。**多次被质疑成功，则会导致最终失信。调查工作稳扎稳打，基本没有被质疑成功，则会逐步提高调查组织的**

威信，提高公信力，从而进一步减少无端的质疑，形成正向的循环。

4. 风险预防工作原则

舞弊调查风险多种多样，书中无法一一阐述。舞弊调查人员开展工作时，一定要有风险预防意识，在开展具体工作之前认真考虑各种可能出现的风险，做好风险预防工作。

（二）舞弊调查风险控制主要工作环节

舞弊调查风险控制主要工作环节有以下几个。

1. 尊重国家法律和员工权益

日常工作中时常强调内部纪律和规章制度，坚持守法合规地开展舞弊调查工作，这是舞弊调查组织风险应对过程中最关键的一环，也是最基础的一环。通过熟悉调查中可能涉及的法律问题，了解合法的调查途径和手段，尊重员工个人权益，舞弊调查人员能最大限度地预防违法风险。

2. 人身安全第一

所有的舞弊调查组织成员都必须充分认识到人身安全风险，并做好心理建设和风险预防工作。无论如何，舞弊调查组织都应将舞弊调查人员的人身安全，以及涉及人员的人身安全列为第一考虑要素，最大限度地保证他们的人身安全。

3. 工作授权与工作纪律

在开展工作前，企业应在合法的前提下充分授权，保证调查工作顺利开展。制定严格的禁止性条款，约束舞弊调查人员的调查行为，对触犯纪律的舞弊调查人员严肃处理，这样能最大限度地防范越权、被诬告、违法等风险。

4. 危机预案与危机处置

舞弊调查活动极易发展成为一种冲突行为，无论外部调查还是内部调查，都有瞬间出现危机的可能性。危机无法完全避免和消除，制定风险预案，舞弊调查人员日常加强风险处置训练，做好心理建设，出现风险时及时处置，能最大限度减轻危机出现后的不良影响。

（三）舞弊调查组织配套的流程制度

（1）投诉举报相关流程。

（2）案件受理、调查、处置流程。

（3）保密和回避制度。

（4）员工权利、义务告知流程。

（5）授权和内部纪律。

（6）档案管理流程。

…………

（详见附录1《投诉举报案件调查工作指引》）

第三节
舞弊调查风险应急处置

前文介绍了常见的舞弊调查风险，这些风险很多能够通过采取一些措施来预防。但是根据墨菲定律，在舞弊案件的调查过程中，总会发生一些不可预测的状况，从而导致发生一些重大的风险。这些重大风险通常包括以下几类。

- 企业资产可能继续受到重大侵害。
- 相关人员的人身安全可能受到严重侵害。
- 企业的声誉、信誉可能受到重大影响。
- 舞弊调查组织被严重质疑而无法开展调查工作。

....

舞弊调查人员在工作中，如果遇到上述风险，要掌握对应的处置方法，开展应急处置。

（一）企业资产可能继续受到重大侵害的应急处置

舞弊调查人员开展舞弊调查工作时，如果发现企业的资产可能继续受到重大侵害，需要第一时间评估损失的大小和可能的影响，并上报主管上级。如果企业能够及时做出应对决策，那么舞弊调查人员按照企业的应对决策执行。如果企业无法及时做出应对决策，且企业资产可能面临重大损失，通常舞弊调查人员要迅速开展工作，按照企业的授权，实施一些应急处理措施，迅速制止侵害行为。如果舞弊调查人员无法自行制止侵害行为，可以要求企业内其他部门配合，也可以考虑报警处理。

实施上述应急处理措施时，应尽可能地保障相关人员的人身安全，且不超过法律规定限度（紧急避险）。

（二）相关人员的人身安全可能受到严重侵害的应急处置

在舞弊调查过程中，舞弊调查人员如果发现与调查相关的人员的人身安全可能受到侵害，应第一时间采取应急措施，保障相关人员的人身安全。如果事态紧急，通常可以在不上报主管上级的情况下，先行开展工作。如果有必要，可以考虑报警处理。

实施上述应急处理措施时，应尽可能保障相关人员的人身安全，且不超过法律规定限度。

遇到相关人员自残、自杀的，应首先进行现场录像，并在现场录像的条件下，对相关人员进行劝解、疏导，尽可能地阻止相关人员的自残、自杀行为。

如果舞弊嫌疑人遭遇被限制人身自由，遭受围攻、殴打等情形，能够进行谈判的，舞弊调查人员应第一时间表明身份，说明企业授权情况，阐述相关法律法规，缓和矛盾，防止事态进一步扩大。如果无法进行谈判，舞弊调查人员应尽最大可能迅速离开现场，如有必要，可以报警处理，也可以采取一定的防卫措施，但是防卫措施不能超过法律规定限度。

（三）企业的声誉、信誉可能受到重大影响的应急处置

舞弊调查人员在调查过程中发现企业的声誉、信誉可能受到重大影响时，通常先行暂停舞弊调查工作，将对应风险上报主管上级并同时告知企业的公关、法务等相关部门，在企业做出对应决策后，再按照企业做出的决策开展后续工作。通常舞弊调查人员不应自行应对此类情形。

（四）舞弊调查组织被严重质疑而无法开展调查工作的应急处置

舞弊调查组织被严重质疑时，通常应暂停被质疑的调查工作，由部门负责人对整个调查工作进行复盘。复盘的主要目的是了解整个调查经过，确定调查过程是否合规，是否存在重大错漏。复盘后，部门负责人须将复盘情况向上级汇报。如果存在重大错漏和违规情况的，那么在纠正问题并征得上级同意后，重新开展调查工作。

当然，在舞弊调查过程中还可能出现各种突发性风险，舞弊调查人员可以根据各自企业情况采取不同的处置措施。附录1《投诉举报案件调查工作指引》中列出了一些常见的突发性风险的处置办法，请大家自行参考。

第四节
舞弊调查风险应急处置案例

本节用一个案例来详细解说舞弊调查风险的应急处置流程和方法。

虚拟的舞弊调查风险案例

A公司总部的监察部门派遣工作人员张某、李某对下属B公司私设小金库问题进行调查，在清查财务室期间，张某、李某与财务负责人高某发生争执，高某召集B公司工作人员将张某、李某围在公司内，禁止他们离开公司，并且向总部直属领导孙某举报张某、李某态度不好，公报私仇。

一、案例解析

此案例中主要的危机是企业内部工作人员造成的，是舞弊调查人员与调查对象出现严重对立导致的。其根本原因是清查行为触及了调查对象的利益。

从舞弊调查组织的角度分析，排除了舞弊调查人员违规的情形，清查行为本身是有充分授权的，也是调查取证的必要动作，不能因为危机的发生放弃清查行动。一旦放弃清查行动，后续所有调查对象均有可能采取此种对抗手段来抗拒调查，这不利于后续舞弊调查工作的开展。舞弊调查人员的人身安全在此次危机中是重要考量因素，但是实际风险并不突出。调查对象是内部员工，了解舞弊调查人员的身份，其目的是抗拒调查，而不是真正对舞弊调查人员造成人身伤害。因此，一线舞弊调查人员此时展示出斗争到底的态度，威慑对方即可，并不需要做出过激的应对措施，考虑到舆情和企业形象，报警处置是最后的手段，不要轻易使用，但可以在谈判时将其作为谈判筹码。

从一线舞弊调查人员的角度分析，自证和保证安全，防止事态进一步恶化，是处置风险时常见的方式。不卑不亢、平和应对，往往能够取得很好的效果。受到对方刺激，而做出过激反应，导致事态恶化，是非常不利于后续风险处置的。因此，第一时间向主管上级汇报情况，寻求其支持，同时注意控制现场局面，是一线舞弊调查人员的主要处置策略。

请思考：

（1）作为总部舞弊调查部门负责人，需要做哪几项工作来协调部门之间的关系，化解此次危机？

（2）作为一线调查人员的张某、李某，需要做哪几项工作来证明自己的工作符合工作流程，没有违规违纪？

二、具体处置措施

（一）总部舞弊调查部门负责人的处置工作

1. 保证人身安全

第一时间协调管理上级，保证舞弊调查人员的人身安全，事态无法控制时，可以报警处理，这对恶意诬告、阻碍调查的人员也是一种震慑。

2. 核实现场问题

公平公正搜集双方人员反馈的信息、见证人反馈的信息，并且了解事情原委。

3. 指挥和后续支援

以控制现场局面为主要目的，开展指挥工作，给一线舞弊调查人员以直接指导；关注舆情和后续影响；保持远程持续在线，见证局面发展。现场控制后，后续可以派遣更多人员加入调查工作，表明坚定的立场。

4. 调查权维护

无论一线舞弊调查人员在本事件中是否违规，舞弊调查工作都要依据授权继续开展，一旦退缩，会严重影响调查部门的权威性。坚持继续调查，就是对调查权最有力的维护。

5. 寻求支持和帮助

向舞弊调查部门的主管上级寻求支持，向最高上级申请再次确认调查权和寻求支持，寻求第三方中立势力（人力、运营等）的支持理解，如与高某的上级沟通，寻求高某上级的认可和理解。

6. 事后处理

对本次事件必须严格按照案件调查流程彻查追责，对参与人员必须严格取证，对违规人员按照企业规定进行处罚。舞弊调查人员违规和对方违规做同等处罚。后续处置时必须时刻关注舆情，防止事态进一步扩大。

（二）一线舞弊调查人员的处置工作

1. 保证人身安全

控制情绪，不激化矛盾，缓解对立态势，可以要求人力或其他部门人员到场协调。双方对立时情绪激动，很难调和矛盾，第三方中立势力到场，往往可以有效控制局面。

2. 报警和支援

事态无法控制时，可以报警处理。开展容易引起对立的调查工作时，建议全程留痕，并且提前安排接应人员。若预判某些场合可能出现严重对立，可以安排接应人员不进入工作现场，采取定期联络的形式来确定现场情况。如果超过预定时间没有联络，接应人员应及时赶往现场附近查看，出现问题后及时协调与支援，这是为了应对舞弊调查人员被控制，无法对外传递信息的情况。

3. 反馈情况

第一时间向直属上级反馈情况，真实、不隐瞒是汇报的关键，反馈情况偏离实

际，会对调查负责人开展处置工作产生不利影响。

4. 留痕与告知

发生冲突时，舞弊调查人员要迅速打开记录设备，对过程留痕。记录设备打开的情况下，对高某清晰阐明企业授权，要求其配合工作。预判可能发生冲突的情况下，可以事先准备留痕设备。现场录音录像是一种有力震慑。

5. 搜集自证证据

在等待上级协调的时间里，要及时汇总自证证据，如果已经有全过程录音录像，那么要注意保护相关资料。

6. 事后处理

妥善处置后，不要立即对限制人身自由的行为表示出不满，不要表露出后续的追责需求，先完成最初调查任务。对限制人身自由的事件的追责，可以等后援力量到位后开展。开展后续工作时仍需注意舆情和员工状态，避免引起新的对立局面。

—— ⋯ **本章总结** ⋯ ——

舞弊调查的合法性和合规性要求，是舞弊调查组织长期健康发展的客观要求。在 KPI 的重压之下，上级管理者的某些授意，经常会导致舞弊调查组织舍弃合法性和合规性原则，为达到某些目的而不择手段。这种做法虽然确实可能会让舞弊调查在短期内获得不错的成果，但是也为今后开展工作和个人的职业发展埋下了巨大的隐患。

舞弊调查人员在这种情况下虽然艰难，但也必须坚守底线。对于超出合法合规范畴的工作要求，一定要阐明风险，并据理力争。应在充分的沟通后，与管理层达成一致意见。

舞弊调查人员必须严守法律底线，在保障员工合法权益的前提下追求法律的正义。

证据链理论与调查实践

前面的章节提到，舞弊调查主要需要围绕"法证"思维开展。"法证"思维其实包括了两个基本方面：一是"法"，也就是国家的法律法规，主要是《刑法》《民法典》《劳动法》等；二是"证"，也就是用于司法认定的各种证据。

有的读者可能会有一些疑问：企业内部处置不涉及司法处置，是否还要按照"法证"思维开展工作；是否有必要采用司法机关的严苛标准。这些疑问，在刚开始从事舞弊调查工作时，也常常萦绕在笔者的心头。

实践是检验真理的唯一标准。笔者根据多年的舞弊调查经验认为，如果不能围绕"法证"思维开展工作，严格落实各种证据，就很难避免错弊。后续处置不以证据为依托，仅依靠推理和主观判断，难免会出现"冤假错案"，既不利于企业内部舆论导向，也无法营造出正向的组织氛围，更不利于应对后续可能会发生的司法诉讼，从而可能导致反舞弊组织逐步失信，背离成立的初衷。

围绕"法证"思维开展工作，其实就是建立证据链，寻找关键证据，有效地固定证据，通过循环论证，不断探寻案件的真相。本章将围绕证据链体系及实际工作进行阐述。

第一节
证据的分类

根据国家法律法规，舞弊人员的行为可能有罪与非罪两种不同的定性。属于《刑法》约束范围的是犯罪行为，不属于《刑法》约束范围的是非罪行为。非罪行为还有可能触犯《治安管理处罚法》，舞弊人员将被采取一定的行政强制措施。

在企业利益最大化的立场下，对于犯罪行为和非罪行为，企业层面都可能会采用协商调解的形式来追回损失。协商调解无法达成目的时，企业层面一般会采取司法途径维权。当然也有直接通过司法途径维权的情形。

在舞弊调查开始的同时，由于后续很可能需要使用司法途径维权，因此在整个舞弊调查过程中，必须获取符合司法规定的各种证据。这些证据的取得方式必须合法，且证据本身必须是适格的证据，否则很可能导致后续无法通过司法途径维权。

一、法规中对证据的分类

舞弊调查人员必须非常清楚如何通过合法途径获得适格的合法证据。在开展调查取证工作时，主要依据《中华人民共和国刑事诉讼法》（以下简称《刑事诉讼法》）、《中华人民共和国民事诉讼法》（以下简称《民事诉讼法》）相关规定。

《刑事诉讼法》和《民事诉讼法》中有关证据的规定

《刑事诉讼法》（2018 年 10 月 26 日修正）第五十条规定：

"可以用于证明案件事实的材料，都是证据。证据包括：（一）物证；（二）书证；（三）证人证言；（四）被害人陈述；（五）犯罪嫌疑人、被告人供述和辩解；（六）鉴定意见；（七）勘验、检查、辨认、侦查实验等笔录；（八）视听资料、电子数据。

"证据必须经过查证属实，才能作为定案的根据。"

《民事诉讼法》（2021 年 12 月 24 日修正）第六十六条规定：

"证据包括：（一）当事人的陈述；（二）书证；（三）物证；（四）视听资料；（五）电子数据；（六）证人证言；（七）鉴定意见；（八）勘验笔录。

"证据必须查证属实，才能作为认定事实的根据。"

上述法律法规清晰地表明了法定证据的范围，需要注意的是，《刑事诉讼法》中除了部分证据可以由当事人提供以外（物证、书证），其余证据必须由公安机关或司法机构通过法定程序固定获取才有效力，证人证言，被害人陈述，犯罪嫌疑人、被告人供述和辩解归属于这个范围。

舞弊调查人员前往公安机关报案，在公安机关正式立案前，舞弊调查人员所有的工作都属于民事范畴。前文提到，舞弊调查人员并没有司法机构的公权力，不能侵犯员工的人身权利，那么是否需要和被害人、证人、嫌疑人进行访谈，并制作访谈记录？笔者认为，在不影响公安机关工作的前提下，还是要认真进行访谈，并对应制作访谈记录的。**但是从法律效力来说，这些舞弊调查人员制作的访谈记录，不能作为刑事证据使用。**

二、根据诉讼证据与待证事实之间的关系所做的分类

直接证据与间接证据的分类标准是诉讼证据与待证事实之间的关系，即证据对案件主要事实的证明方式。证据种类划分，最早由英国法理学家边沁在 1827 年提出，这一分类无论对证据法学还是对司法实践都具有十分重要的意义。

（一）直接证据

我国法学界普遍认为直接证据是指单独一个能够证明案件主要事实的证据，直接证据应具备三个条件：第一，单独一个；第二，能够证明案件的主要事实；第三，证明方式是直接的，无须经过推理过程。

（二）间接证据

间接证据是指不能单独地直接证明案件的主要事实，需要与案件其他证据结合才能证明的证据。与直接证据相比，间接证据具有以下几个显著特点：一是间接性，即间接证据与案件主要事实之间的证明关系是间接的；二是关联性，单独一个间接证据不能单独证明案件的主要事实，只有与其他证据及案件事实之间存在客观联系，才能起到证明作用；三是推断证明，若干个相互关联的间接证据结合在一起，构成一个证据体系，采用逻辑推断的方法来证明案件事实。[①]

（三）直接证据与间接证据的运用

1. 直接证据的运用

直接证据虽然具有单独、直接证明案件主要事实的特点，但并不意味着单一的直接证据就可以作为定案的依据。在很多案件中，直接证据的"直接"都是相对的，也需要其他证据来辅助，才能给案件最终定性。只用单一证据给案件定性是运用直接证据时经常发生的错误。在调查中，经常可以查找到某个关键的书证或物证，貌似可以直接证明违规行为的成立，但是通过周密调查，反而找到了推翻这一直接证据的特殊事项。

📖 **案例**

舞弊调查人员在对某高管进行离任审计的时候，发现其于××××年××月××日在广西桂林住宿的酒店报销存在重大问题。每日房费金额为 1288 元（虚

---

① 马博豪. 直接证据与间接证据刍议［J］. 西江月，2012.

拟金额），住宿时间为 10 天，发票为替票，该高管提供的支付凭证为微信支付记录，收款人为个人，而非酒店所属公司，支付记录为 13 453 元（10 天住宿费应为 12 880 元），舞弊调查人员通过上述支付记录认定该项报销为违规报销。

后经实际调查发现，该高管确实提交了出差记录，出差记录显示其前往桂林当地是参加某洽谈会议，另有一名同事陪同该高管前往。其酒店住宿记录实际为 2 间客房，各 5 日，与会议日程、往返机票、出差记录吻合。调查时也发现，收款人为当地酒店值班经理，收款时间为入住当天。酒店反馈结账时由于收银系统存在问题，无法刷卡，因此临时提供了值班经理的收款码，且酒店向该高管提供了住宿清单和收据。后被审计对象由于某种原因遗失了住宿清单和收据，也没有开具发票。该高管住宿标准为 1500 元／日（同行人可参照该标准执行），实际支付金额 13 453 元与房费 12 880 元之间的差额为在该酒店的其他消费金额，被审计对象报销时提交的金额也为 12 880 元，核实后，可以认定该笔报销除替票外，并无虚假情形。（案例中的事项均已做脱密处理。）

在运用直接证据过程中，还要注意由该证据证实的事项可能非单一内容，或是直接证据能够证明怎样的事实，是否得出唯一性推论。下面这个案例就是典型的直接证据推导认定误区的例子。

🗂 **案例**

舞弊调查人员通过举报线索发现某公司商业合作伙伴李某向公司内部员工张某转账 8 万元（此处不讨论转账记录来源的合法性），就此认定公司员工张某存在受贿行为。

这种认定是缺乏事实依据的错误推论。存在该笔转账记录也可能是因为李某与张某之间存在借贷行为，也可能是因为李某与张某之间存在其他商业合作往来。面对诸如此类的情况，舞弊调查人员都需要通过其他证据，排除这些非罪行为的可能，才能最终认定受贿行为成立。

2. 间接证据的运用

间接证据具有自身的局限性，一个间接证据只能证明案件的局部，调查人员无法依据它对案件的主要事实做出实质性判断。

每个间接证据都必须与案件事实存在客观联系，能够证明案件的某些事实或情节。间接证据的证明力是由间接证据和案件事实的联系决定的，围绕着时间、地点、人物、起因、经过、结果这些要素，间接证据从不同的方面反映了这些案件的关键要素。

间接证据之间必须有关联性，能形成一个完整的证明体系。单个间接证据无法直接证明案件的主要事实，必须将相互关联的若干证据整合起来，形成环环相扣的证据链条，构成完整的证据体系，才能据此证明案件事实。例如，前述住宿报销相关案例中的支付记录，支付记录的时间就反映了支付行为发生的时间，收款人信息就反映了支付和收款渠道，这些都可以和出差记录、实际消费情况、酒店价格等进行关联验证。

第二节
证据链理论基础

一、证据链的定义

在相关教科书中，我们都可以找到对证据链的定义：

"证据链指一系列客观事实与物件所形成的证明链条，是由证据环构成的证明案件全部事实的证据体系，是由大小不等的证据环组成的有机统一的整体，是法律体系中实体法与程序法相互融合的体现。"

证据链的形成源自能够独立证明案件某一事实的证据环，因此证据链的证明力取决于证据环内在的客观性、合法性、关联性及证据环之间的关联性和与待证事实之间的关联性。

很多法律书籍中都提到，完整的证据链包含六个要素。

（1）证据链的概念只能在多个证据存在的条件下适用。

（2）证据链适用于单独证据不能直接证明被证事实的情况。

（3）每个证据至少要与其他两个证据具有联系。

（4）各个证据之间应当在大多数情况下呈现一种递进的或纵向的连接关系。

（5）组成证据链的各个证据不拘形式，可以是八类证据中的任何一种，如书证、物证、证人证言等。

（6）证据链的集合证明力为各个证据的总和。

简要来说，证据链应该包括以下几个要素：

- 有适格的证据；
- 证据能够证明案件的证明对象；
- 证据之间能够相互印证，对案件事实排除了合理怀疑。

二、证据链解析

首先，在具体实践中，证据的证明力是基于存在逻辑关系、因果关系的。某一事实其实包含着很多的关键要件，这些要件又由于因果关系、逻辑关系关联在一起。每个证明这些关键要件的证据，就是证据的组成部分。这些证据组合在一起，必须能够推导出唯一的事实，这样才是完整的证据链；如果能推导出多个可能性，那么只能说明现有的证据链不完整。证据链并非以单一的单向链条形态存在，有时候是相互交织的，甚至很多时候相互具有推理关系，很多事实是证据相互交织在一起呈网状才能证明的。

这些关键要件，对刑事案件来说，就是法律认定的量刑要件；对民事案件来说，就是民事法律关系中的法定责任要件。但是某一证据可以推导出多个事实（要件），而其他证据可以逐一排除这些冲突的要件，最终使证据链所证明的事实趋向单一。

我们应该形成这样一种认知，证据链并不是证据 A 可以证明 B 事实，B 作为证据可以证明 C 事实，C 可以证明 D 事实，通常证据链中的关系不是这么简单的推导关系。实践中，证据链经常相互交织，从逻辑关系上排除那些相互矛盾的事实，才能最终推导出唯一结论。我们经常在公务员考试的逻辑题上遇到这种推导方式，证据链的推导方式和这种逻辑题的推导方式类似。

其次，依据证据链推导出某一客观事实，证据链的成立关键是无冲突。无冲突的意思就是组成证据链的各个证据只能推导出唯一的事实，证据链才成立，如果出现了冲突，那么证据链不成立。

案例

在核实某人在某个关键日期的行踪时，某人声称自己于当日 19 时在某购物中心电影院看电影，并且提供当日 19 时的双人电影票，我们能否认定该人当日 19 时确实在某购物中心电影院看电影吗？

在司法实践中，这其实是典型的行踪核实问题（不在场证明问题）。如果在后续调查中，发现该人同时在其他地点还有微信消费记录（相隔超过 10 千米），那么很可能他购买了 19 时的电影票但并未观看，也可能是有其他人登录其微信消费。

在该案例中，电影票和微信消费记录就是相互矛盾的证据。除了电影票外，该人在相距较远的异地，同时有另外一笔消费记录。按照常理判断，该人不可能同时出现在两个相距 10 千米的地点。具体哪个是真实情形，需要其他证据来排除合理怀疑。这两个相互矛盾的证据，就不能形成证据链。所以证据链的成立关键是无冲突，这是我们必须时刻注意的问题。

再次，证据链中还存在一个在具体实践中需要特别关注的问题。我们已经了解证据链的构成不是单向的、简单的，而是复杂的。在证据链中，我们尤其要注意部分关键要件是由单一证据提供证明的，这些单一证据，就是司法实践通称的"孤证"。这些孤证的灭失会导致无法证明某些关键要件，从而导致证据链失效，这类孤证都是我们需要密切关注的关键证据。

在多个证据相互印证，提供证明力，证明某关键要件的情形中，如果其中某个证据灭失，导致这些证据之间无法相互印证，那么这些证据组合，可以称作关键证据，需要我们密切关注。

我们可以这样理解，关键证据的划分并没有明确的界限，并不是说只要是孤证，就是关键证据；不是孤证，就不是关键证据。判断是否是关键证据的标准是证据对舞弊事实是否有重大的证明作用。

最后，证据应具备法律规定的适格性。

（1）证据必须与案件事实具有关联性。证据必须同案件事实存在某种联系，并因此对证明案情具有实际意义。

（2）证据没有法律所禁止的情形，包括法律所禁止的证据形式和取证方式。

这里可以通过一个案件做简要分析。

案例

某员工王某元旦期间前往分公司所在的 A 地出差，并申请了差旅报销和加班补助，王某提供了元旦期间来回 A 地的火车票及住宿发票，这些能否证明王某出差的真实性？

1. 现有证据效力

（1）首先要核对火车票（纸质报销凭证）的真伪（验真过程就不赘述了）。但是火车票（纸质报销凭证）的存在并不能证明王某一定乘坐了该车次，也有取票后未乘车的可能，这个证据并不能独自证明王某于火车票标示日期出差到 A 地。这也是犯罪嫌疑人提供虚假不在场证明的常见方法。

（2）住宿发票的问题和火车票类似，也存在代开可能，同样不能独自证明王某于发票标示日期出差到 A 地。

2. 还需要调查的事项

（1）核验王某的出差审批手续，落实其出差的目的是否真实有效。

（2）如果王某能提供元旦期间在 A 地的本人其他消费记录（微信、信用卡）等，就能够提供部分证明效力。

（3）王某在 A 地工作时的工作记录，包含本人的水印照片等，能够提供部分证明效力，同理，王某如果在 A 地工作时有对应的证人、录音录像、签到文件等，都可以提供部分证明效力。

综上，其实王某在 A 地实地工作的相关证据，才是其是否真实出差到 A 地的关键证据。如果王某当时在 A 地工作，A 地办公区有监控录像，并且拍到了王某，那么在监控录像未被篡改的前提下，可以证明当时王某在 A 地办公区，因为监控录像是具有充分证明效力的。但是对于王某是否真实工作，还需要配合查看监控录像的具体内容、王某的实际工作成果、当地的人证等其他证据资料来判断。

第三节
证据链理论实操

一、各类证据的常见提取方法

这一部分是所有舞弊调查人员必须认真学习和掌握的部分。只有熟练掌握合法提取和固定各类证据的方法，在出现问题时，可以快速调整工作方法，才能在保证证据合法有效的前提下，在证据灭失前，将相关的证据搜集完整。

（一）当事人陈述及证人证言

只要不是以侵害他人合法权益或者违反法律禁止性规定的方法取得的证据，都是具有法律效力的，因此访谈现场的录音、影像资料是可以作为法律证据的。但是在提取这些录音、影像资料时，务必注意原始文件的完整性和原始性，除司法机关认定的机构外，不能对原始的录音、影像资料进行加工处理。

当事人和证人的访谈记录，在符合其本人意思表示，保证其合法权益未受侵害的情况下，由其签字确认，也是具备一定的法律效力的。当然，如果由其自主撰写访谈记录并签字确认，有效性会更强一些。访谈记录通常配合录音一起使用。

（二）物证

物证提取和固定的关键是证明物证的来源的合法性。因此在提取物证时，一般会采取现场录像的方式，证明获取时征得了原主人的同意。无主证物也需要现场录像，现场录像还有证明其提取位置、记录物证原始来源的意义。一般提取小型证物时需要佩戴手套，用专用封装袋封存，以免破坏上面的生物痕迹。提取大型证物时，也应尽量保持原样封存。证物如有原主人的，通常要填写证物清单，要求其核对后签字确认。

（三）书证

企业内部提取的各类审批文件、会议纪要、财务表格等文字资料可以作为书证。

书证的原件通常都要第一时间封存。如果司法机关要求提供复印件（根据案件情况不同，有需要提供原件的情形），一般会对书证进行复印，并由原件提供人在复印件上签字，证明其出处（原件封存）。如果是企业内的资料，需要加盖对应的公章，这样才具备法律效力。在提取书证时，不能对原件进行删减修订。

企业内部封存原件时，由证据提供人出具书证清单，将原件封存，并在封存的外包装上签字确认。

（四）视听影像资料

视听影像资料的提取和录音资料一样，要求原始无删减。需要注意的是，如果提取自固定的摄像头，那么应记载该摄像设备所在位置，以便后续司法实践时可以快速找到该摄像设备，确认拍摄方位和现场情况。

（五）电子证据

电子证据是近几年比较新颖的证据类型，在很多案件中起到了重要的作用。电子证据可以由当事人提供，或由相关部门提取。2020 年 5 月 1 日正式施行的《最高人民法院关于修改〈关于民事诉讼证据的若干规定〉的决定》就对电子证据进行了相关规定。

最高人民法院《关于民事诉讼证据的若干规定》（节选）

第十四条 电子数据包括下列信息、电子文件：

（一）网页、博客、微博客等网络平台发布的信息；

（二）手机短信、电子邮件、即时通信、通讯群组等网络应用服务的通信信息；

（三）用户注册信息、身份认证信息、电子交易记录、通信记录、登录日志等信息；

（四）文档、图片、音频、视频、数字证书、计算机程序等电子文件；

（五）其他以数字化形式存储、处理、传输的能够证明案件事实的信息。

第十五条 当事人以视听资料作为证据的，应当提供存储该视听资料的原始载体。当事人以电子数据作为证据的，应当提供原件。电子数据的制作者制作的与原件一致的副本，或者直接来源于电子数据的打印件或其他可以显示、识别的输出介质，视为电子数据的原件。

第二十三条 人民法院调查收集视听资料、电子数据，应当要求被调查人提供原始载体。提供原始载体确有困难的，可以提供复制件。提供复制件的，人民法院应当在调查笔录中说明其来源和制作经过。人民法院对视听资料、电子数据采取证据保全措施的，适用前款规定。

由原文可以看出，在提供电子证据时，必须提供电子证据的原始载体，并且保证原始载体未被删改。如需对电子证据进行审核、恢复，则不能在原始载体上进行操作，而是可以对原始载体进行复制，然后对复本进行操作。另外，对于很多关键的电子证据，司法机关会指定某些专业的鉴定提取机构对原始介质进行提取和固定。

除此之外，我们还需要学习电子证据有效性认定的法律规定。

最高人民法院《关于民事诉讼证据的若干规定》（节选）

第九十三条 人民法院对于电子数据的真实性，应当结合下列因素综合判断：

（一）电子数据的生成、存储、传输所依赖的计算机系统的硬件、软件环境是否完整、可靠；

（二）电子数据的生成、存储、传输所依赖的计算机系统的硬件、软件环境是否处于正常运行状态，或者不处于正常运行状态时对电子数据的生成、存储、传输是否有影响；

（三）电子数据的生成、存储、传输所依赖的计算机系统的硬件、软件环境是否具备有效的防止出错的监测、核查手段；

（四）电子数据是否被完整地保存、传输、提取，保存、传输、提取的方法是否可靠；

（五）电子数据是否在正常的往来活动中形成和存储；

（六）保存、传输、提取电子数据的主体是否适当；

（七）影响电子数据完整性和可靠性的其他因素。

人民法院认为有必要的，可以通过鉴定或者勘验等方法，审查判断电子数据的真实性。

最高人民法院《关于民事诉讼证据的若干规定》第九十三条主要规定的是电子证据的真实性问题，包括三个方面。

1. 载体的真实性

载体的真实性是指存储电子数据的媒介、设备在诉讼过程中保持原始性、同一性、完整性，不存在被伪造、变造、替换、破坏等情况。

2. 数据本身的真实性

数据本身的真实性是指在技术层面上，电子数据真实，与原始数据保持一致，不存在被修改、删除、增加等情况。

3. 内容的真实性

电子证据所记录的内容是真实的意思表示，能够证明案件事实。

（六）鉴定材料

鉴定材料一般由司法机关认可的鉴定机构进行鉴定。在企业中常见的鉴定就是对伪劣产品的鉴定。在对这类物品鉴定时，需要注意两点。

1.鉴定物的封存

鉴定物的封存和物证的封存类似，要保证原物的完整性，证明其来源的合法性，比较常见的形式就是在现场录像的情况下，在多人见证的基础上，对鉴定物进行封存送检，由舞弊调查人员自行封存送检鉴定物是有一定问题的。

2.常见的鉴定机构

（1）笔迹、指纹、公章的鉴定机构一般是各地的公安机关。

（2）常见的假冒产品（国标产品）的鉴定机构是各地区质量监督局。

（3）销售的药品、食品的鉴定机构是食品药品监督管理总局。

（4）茅台、五粮液等酒类常见的鉴定机构是原厂的鉴定中心。

（5）销售的烟草产品的鉴定机构是各地的烟草局鉴定中心。

（6）对于进口产品，在司法实践中常见的鉴定机构是原产地厂商或是原厂认定的中国代理经销商。比如常见的进口红酒，我国质量监督机构是无法鉴定的，应由该品牌的中国代理经销商或是原厂出具鉴定结论。类似的产品还有各种奢侈品、高端手表等。

特别关注事项

具体实践时各地鉴定机构有所不同，很多司法机关也会指定一些鉴定机构进行鉴定。

（七）勘验笔录

勘验笔录主要是司法机关的工作，这里就不赘述了。

二、证据链理论的实际运用

（一）循环求证，还原案件事实

在具体实践中，舞弊调查工作会围绕着搜集证据、形成完整的证据链展开，一般包括以下几个步骤。

第一步，对需要构成的证据链基本情况进行分析。要根据调查计划来确定案件事实需要哪些证据来证明，这些证据都需要使用什么方法来固定，获取证据的先后顺序，等等。请注意，这里采取的是先推测可能出现了哪些案情，也就是"大胆假设"。

第二步，对相关的证据进行固化和提取。固化和提取完后，需要对证据进行分类归纳，仔细审查已经获得的证据跟之前推测的事实是否匹配。

需要注意的是，并不是搜集到一个证据就能进行全面的分析与匹配。证据链的本质属性是多个证据相互印证。因此在搜集到一定证据后，需要对证据之间的关联性进行核验匹配，主要是核验证据之间的关联性、逻辑性、因果关系。审核所有证据能否证明推导出的事实，事实是否唯一，是否有矛盾点。

第三步，如果发现推导出的事实不是唯一事实，还存在矛盾点或者还不能完全证实，就需要补充一些证据来排除一些合理怀疑。因此需要进行下一轮的调查工作，继续补充证据，通过这个过程来循环求证，而这个过程就是"小心求证"。

第四步，通过不断的循环求证来搜集完整的证据链，并且还原案件事实。

"大胆假设，小心求证"这个方法论是公安机关在开展调查工作时的核心方法论之一，是被证明行之有效、满足调查实践需求的方法论，在开展调查工作时可以借鉴使用。这个方法论的关键是必须先行推测舞弊嫌疑人的舞弊行为是如何具体实施的，然后去搜集证据论证之前的推测是否合理。同理，在舞弊嫌疑人对自己的行为做出解释的时候，舞弊调查人员就要去搜集证据论证他的解释是否真实。

这是一个不断排除错误推论的循环论证过程。在不断的循环论证过程中，舞弊调查人员通过搜集证据—推导论证—搜集证据的方式，不断向事实真相靠拢，最终还原案件事实。本书后面的调查计划、访谈都围绕着这一循环论证过程展开。

（二）证据链在访谈中的运用

所有精于访谈的调查人员，最后都会发现一个真理：话术远没有手中的证据重要，话术确实可以影响访谈的结果，但是手中的证据才是影响访谈结果的关键。充足的证据、完整的证据链，能让舞弊调查人员在与案件知情人、舞弊嫌疑人访谈时

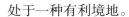

处于一种有利境地。

1. 对案件知情人开展访谈

案件知情人可能不是舞弊嫌疑人，但是或多或少参与了舞弊案件，或是知晓舞弊案件中的一些关键事项。案件知情人通常会有一些顾虑，也会出于某些目的提供一些虚假的线索，或是故意隐瞒、掩盖某些事实真相。舞弊调查人员在访谈案件知情人前，如果掌握一定的关键证据，有一些证据链的支撑，能够更好地辨识这些问题，获得更多信息。

在对案件知情人开展访谈时，掌握一些关键证据，有证据链支撑，舞弊调查人员将拥有以下几个优势。

（1）能够深入访谈问题。

（2）能够识别案件知情人的陈述是否属实。

（3）能够对案件知情人开展说服教育，以便获得更多的信息。

2. 对舞弊嫌疑人开展访谈

如果掌握了充足的证据、完整的证据链，那么在对舞弊嫌疑人开展访谈时，舞弊调查人员无疑能够获取更多的信息，也容易处于一种游刃有余的有利境地，就算最终无法从舞弊嫌疑人处获得突破口，也可以零供述结案，更容易把控后续处置工作。

在对舞弊嫌疑人开展访谈的时候，掌握一些关键证据、有证据链支撑会让舞弊调查人员拥有以下几个优势。

（1）可以筑起逻辑的围城。

（2）在心理上占据优势。

（3）能够强力地驳斥舞弊嫌疑人的虚假解释。

（4）能够强力地对舞弊嫌疑人进行说服教育。

总之，完整的证据链是舞弊调查人员开展访谈的工具和武器，尤其是在开展压力访谈工作时，完整的证据链能够帮助调查人员攻破舞弊分子的心理防线。在访谈前，尽可能获取更多的有利证据/案件信息，能够大幅提高访谈成功率（详细阐述见第四章）。

第四节
案例与实操分析

我们用一个案例来详细了解证据链在实践中的运用。

案例

　　A 公司在某一细分市场进行长期布局，2018 年与 B 公司共同成立了合资公司 C，主营车载芯片研发和生产工作。A 公司投资 7 亿元占股 70%，B 公司投资 3 亿元占股 30%，A 公司派遣高管孙某到 C 公司担任 CEO，统管 C 公司工作。时至 2022 年年初，C 公司一直未推出符合市场需求的产品，目前已经出现巨额亏损。在经董事会决议通过后，聘请外部审计机构对 C 公司 3 年的经营情况进行全面审计。审计发现孙某在 2020 年，伙同 B 公司派驻 C 公司的董事刘某、翟某，伪造董事会决议，私自挪用 C 公司资金 2 亿元，从原有开户银行，转入某地方银行购买理财产品，现该理财产品已经逾期，预期减值达 4000 余万元。据了解，孙某、刘某、翟某通过虚假签署咨询服务合同，收取咨询服务费的形式，从该银行处收取 200 余万元好处费。（孙某、刘某、翟某均非国家工作人员。）

　　※ 本案例为虚拟案例，如有雷同，纯属巧合。

现要对该事项进行全面调查，读者在这里可以思考以下几个问题。

（1）孙某、刘某、翟某挪用 C 公司资金的行为涉嫌犯什么罪？

（2）挪用资金的行为都需要哪些证据证实？如何获取这些证据？

（3）孙某、刘某、翟某收取好处费 200 余万元涉嫌犯什么罪？

（4）收取好处费的行为都需要哪些证据证实？如何获得这些证据？

孙某、刘某、翟某未经公司董事会同意，私自挪用 C 公司资金的行为可能涉嫌挪用资金罪。孙某、刘某、翟某收取好处费 200 万余元可能涉嫌非国家工作人员受贿罪。这类案件其实在近些年屡见不鲜。掌握着公司资金大权的某些高管，由于手中的权力和掌管的资源，成为各类金融掮客眼中的香饽饽。金融掮客们通过各种渠道和手段，想尽办法与这些掌权者建立联系，许以高额回报，引诱掌权者违规将企业资金挪作他用。舞弊调查人员在调查时，要非常清楚挪用资金罪和非国家工作人员受贿罪的构成要件，注意搜集这些构成要件对应的证据链。

一、挪用资金罪相关证据链和证据固定

从案例中我们可以获取舞弊嫌疑人的主要舞弊手段，就是通过伪造董事会决议，然后通过正常的公对公转账，从 C 公司原有开户银行转入目标银行账户。对于这个舞弊事实，舞弊调查人员需要查明以下几个主要事项。

（1）伪造董事会决议。

（2）通过伪造的董事会决议进行相关的审批。

（3）审批之后的公对公转账购买理财产品事宜。

对这些事项开展调查时，要搜集对应的书证、物证、证人证言，并进行固定。

（一）伪造董事会决议事项

本案件中的关键证据之一，就是伪造的董事会决议，通常此类决议原件会在公司内部留档，因此只需要正常调档即可。调档后，对原件复印并封存。若要证明决议是伪造的，需要对决议上的签字进行鉴定，对于其中的内容要与参会人员核实。存在下列事项时，才有可能认定该董事会决议是伪造的。

（1）有部分董事会成员没有参与决议对应的董事会会议，但是决议上有伪造的对应签字。

（2）决议内部分内容与现场会议内容不符，决议存在变造的情况。

（3）根本没有召开对应的董事会会议。

※ 未完全列举。

对于该决议内容的真实度，舞弊调查人员需要与决议上签字的董事核实，相关董事的阐述、董事会现场的录音录像是主要证据。

对于该份董事会决议上笔迹的真伪，舞弊调查人员需要前往公安机关笔迹鉴定单位进行鉴定。

如果存在其他变造、伪造情形，舞弊调查人员可能需要前往公安机关指定机构进行全面鉴定。

当然，董事会开会通知邮件、到场人员的签到表等也是相关佐证，舞弊调查人员在开展调查工作时可以一并搜集。

至于伪造、变造的具体操作方法，对应舞弊嫌疑人的陈述和相关物证、书证，也是需要搜集的，不过这部分可以由公安机关完成（报案时并不需要提供）。

（二）伪造董事会决议后，相关的审批事项

这部分也是必须调查的内容，主要调查除伪造的董事会决议外，是否还存在其他舞弊事项。通常会调取相关审批记录，审核审批流程是否合规，调取的流程审批记录可以作为证据使用。该流程记录应打印出来并加盖公司公章，审批内的附件作为辅助证据应一并提取和固定。需要注意的是，就算相关审批流程合规，也不能否定相关审批人的舞弊嫌疑。相关流程审批人可能未发现董事会决议是伪造的，但也可能故意放任审批通过。

所以除调取审批流程，舞弊调查人员还需要调取该审批的制度依据，董事会形成决议的流程通常会记录在公司章程内，故必须调取 C 公司章程。同理，公司章程打印出来并加盖公司公章即可。而对于资金管理、使用的相关财务制度，作为制度依据，也应一并提取和固定（打印出来并加盖公司公章）。

案例中表明，舞弊嫌疑人挪用 C 公司资金购买理财产品，因此审批流程内一般

会提交该理财产品的对应合同。其作为关键证据也应一并提取和固定。

案例中并没有详细描述，在目标银行开户是否也需要审批，如果公司管理制度内规定需要另一审批流程，那么开户审批流程也需要提取和固定。

最后，对于相关的审批人，仍然需要进行访谈，以便确认其审批时是否发现问题，是否收到相关工作指令（受人指使），是否存在审批流程内未记载但与舞弊事实密切相关的事项，要注意留存访谈录音和访谈记录。

当然，围绕着该审批形成的各种会议纪要、来往邮件、聊天记录等，如有，也应一并提取和固定，以作为证据链的一部分。

（三）公对公转账的相关事项

前面已经调取了所有的审批相关证据，接下来需要进行公对公转账购买理财产品相关事项的取证工作，主要是调取银行的转账电子凭证、购买理财产品的业务凭证等，还需要对实际操作人员开展访谈工作，留存访谈录音和访谈记录。

这里需要注意的是，需要认真核对之前的审批内容与转账记录、理财产品购买记录是否对应一致。在核查银行转账记录时，应仔细核查 C 公司与转账目标银行之间，是否还存在其他资金往来，在核查过程中可能会发现其他舞弊事项。

与这三个事项相关的证据搜集固定后，基本就形成了完整的证据链，当然根据案件实际情况，可能还需要搜集其他证据，来排除合理怀疑。在报案时，由于该犯罪为身份犯，因此还需要提供舞弊嫌疑人的身份信息及其在公司内的任职情况等相关证据（劳动合同、工资发放记录、社保缴纳证明等）。

二、非国家工作人员受贿罪相关证据链和证据固定

非国家工作人员受贿罪的法定要件如下。

（1）本罪为身份犯罪，行为主体必须是公司、企业或者其他单位的工作人员。

（2）行为内容为利用职务上的便利，索取或者非法收受他人数额较大的财物，为他人谋取利益。

这里，我们从法定要件入手，围绕法定要件开展调查工作。需要注意的是，上

文对于挪用资金罪的调查分析，其实也是围绕法定要件展开的，只是从分析思路上换用了部分审计思维。本质上来说，两种思路其实都是围绕法定要件来落实证据链的。

一是行为主体必须是公司、企业或者其他单位的工作人员。

证明行为主体也就是实施舞弊行为的孙某、刘某、翟某是公司、企业或者其他单位的工作人员，需要提取的证据非常明确，主要是劳动合同、工资发放记录和社保缴纳证明。需要注意的是，如果是上级股东公司派驻员工至 C 公司行使职务，但又没有换签劳动合同的，需要上级股东公司出具与 C 公司的关联关系证明，并对派驻的员工在 C 公司的具体工作和权限做出说明。

当然，如果 C 公司的工商信息表明，舞弊行为人孙某、刘某、翟某是法人、董事、监事、股东之一，那么可以提交营业执照作为相关佐证。

二是行为内容为利用职务上的便利，索取或者非法收受他人数额较大的财物，为他人谋取利益。

这里其实包括了三个事项。

1. 利用职务上的便利

对应的证据链必须证明舞弊嫌疑人具有职务上的便利。在本案例中就是证明舞弊嫌疑人对挪用资金投资事项必须具有管理职务。之前搜集的劳动合同、内部任命书／岗位职责文件、公司章程、董事会决议、审批流程文件等，组成了完整的证据链，证明舞弊嫌疑人具备管理职务，能够利用职务上的便利。各个证据一般可以证明以下事项。

（1）劳动合同证明其劳动关系、任职时间和职务。

（2）内部任命书／岗位职责文件证明其工作职务和内容。

（3）公司章程证明资金使用的流程及哪些人员有决策权。

（4）董事会决议、审批流程文件等证明哪些人员行使了决策权。

上述文件只需要打印／复印，加盖公司公章即可，合同原件上已经有公章的，通常不需要再盖章。

2. 为他人谋取利益

一般需要搜集使他人获利的证明文件，如采购合同、服务合同等。在本案件中，资金对外迁移的转账记录、购买理财产品的合同等就是这部分相关的证明。当然，理财产品的服务费、手续费等其实是一直存在的，这些是银行的获利部分，不过这部分并不需要舞弊调查人员提供对应证据。

上述文件通常也是打印出来并加盖公司公章即可，合同原件上已经有公章的，通常不需要再盖章。

3. 索取他人财物或者非法收受他人财物（数额较大或者数额巨大）

如果能够通过合法渠道，或经过本人同意，获得舞弊嫌疑人收受贿赂的凭证，如银行转账记录、微信转账记录，或预谋该事项时的录音录像资料、微信和 QQ 聊天记录等，那么这些资料都可以作为证据。不过大多数情况下，类似证据一般由司法机关使用公权力来获得，这也是非国家工作人员受贿罪立案的难点。

常规的非国家工作人员受贿罪所需要搜集和提取的证据主要就是这些，当然在立案时，舞弊调查人员还需要提供法定代表人身份证复印件、报案人授权委托书、营业执照副本等，作为报案人已获得公司授权的依据。

划清非国家工作人员受贿罪与非罪行为的界限

1. 2022 年 4 月 29 日，最高人民检察院、公安部联合发布修订后的《关于公安机关管辖的刑事案件立案追诉标准的规定（二）》（以下简称修订后《立案追诉标准（二）》），自 2022 年 5 月 15 日起施行。第十条［非国家工作人员受贿案（刑法第一百六十三条）］公司、企业或者其他单位的工作人员利用职务上的便利，索取他人财物或者非法收受他人财物，为他人谋取利益，或者在经济往来中，利用职务上的便利，违反国家规定，收受各种名义的回扣、手续费，归个人所有，数额在三万元以上的，应予立案追诉。

2. 公司、企业、其他单位人员在法律、政策许可的范围内，通过自己的劳动换取合理报酬的，不属于利用职务上的便利受贿，因而是合法行为而不是犯罪。

3. 公司、企业、其他单位人员接受亲朋好友的一般礼节性馈赠，而没有利用职务上的便利为亲朋好友谋取利益的，不成立公司、企业、其他单位人员受贿罪。

> 4. 区分以收受回扣、手续费为特点的公司、企业、其他单位人员受贿罪与正当业务行为的界限：在正常的市场交易行为中，取得符合《反不正当竞争法》规定的折扣、佣金是正当业务行为；而违反国家规定，收受各种名义的回扣、手续费，为个人所有的，应认定为公司、企业、其他单位人员受贿罪。

舞弊调查人员要特别关注"划清非国家工作人员受贿罪与非罪行为的界限"中的第 2 条、第 3 条、第 4 条内容，要注意判断行为人获得的财务是否属于正常劳动所得，是否属于利用职务上的便利为他人谋取利益所得，注意区分受贿罪与正当业务行为。在本案例中，被挪用的资金属于 C 公司，舞弊嫌疑人收受的咨询服务费实际是受贿款。司法机关在对这部分进行调查时，会排查舞弊嫌疑人为银行提供咨询服务是否真实。

在非国家工作人员受贿事项的调查过程中，舞弊调查人员要特别关注上述非罪要素，在调查时要注意搜集线索，排除合理怀疑。在过往的司法实践中，确实也存在某高管收取了介绍费，但是没有利用职务上的便利为他人谋取利益的情况，通常这类情形可能被定性为利益冲突。

————···· **本章总结** ····————

是否围绕证据链开展调查工作是舞弊调查人员与普通审计师之间最明显的差异。但是，这一差异不应也不能成为区分舞弊调查人员和审计工作人员的界限。很多审计人员一遇到舞弊事项，就不愿去了解，甚至觉得这部分内容并不属于审计的工作范畴，笔者认为这是不符合审计精神和审计本质属性的。在日常开展工作的同时，审计人员必须了解舞弊调查的特殊性，掌握舞弊调查的基本技能和规律，这样才能在开展工作时游刃有余。从本章的阐述中大家可以了解到这样一个事实：如果在刚开始工作时，不注意证据链的搜集，那么无论审计人员开展日常审计工作，还是舞弊调查人员开展舞弊调查工作，都有可能引起舞弊嫌疑人的警觉，舞弊嫌疑人可以对应采取反侦察手段，抹除某些关键证据；当这些关键证据消失之后，审计人员和舞弊调查人员无论具备什么样的调查能力，都无法再固定证据，落实责任。这种情况对于具有公权力支持的、具有更强的调查能力的司法机关也是同样存在的。

"大胆假设，小心求证"这个方法论传承已久，但历久弥新，舞弊调查人员需要在工作中仔细体会。

《刑法》（节选）

第一百六十三条 【非国家工作人员受贿罪】公司、企业或者其他单位的工作人员，利用职务上的便利，索取他人财物或者非法收受他人财物，为他人谋取利益，数额较大的，处三年以下有期徒刑或者拘役，并处罚金；数额巨大或者有其他严重情节的，处三年以上十年以下有期徒刑，并处罚金；数额特别巨大或者有其他特别严重情节的，处十年以上有期徒刑或者无期徒刑，并处罚金。

公司、企业或者其他单位的工作人员在经济往来中，利用职务上的便利，违反国家规定，收受各种名义的回扣、手续费，归个人所有的，依照前款的规定处罚。

国有公司、企业或者其他国有单位中从事公务的人员和国有公司、企业或者其他国有单位委派到非国有公司、企业以及其他单位从事公务的人员有前两款行为的，依照本法第三百八十五条、第三百八十六条的规定定罪处罚。

第二百七十二条 【挪用资金罪】公司、企业或者其他单位的工作人员，利用职务上的便利，挪用本单位资金归个人使用或者借贷给他人，数额较大、超过三个月未还的，或者虽未超过三个月，但数额较大、进行营利活动的，或者进行非法活动的，处三年以下有期徒刑或者拘役；挪用本单位资金数额巨大的，处三年以上七年以下有期徒刑；数额特别巨大的，处七年以上有期徒刑。

【挪用公款罪】国有公司、企业或者其他国有单位中从事公务的人员和国有公司、企业或者其他国有单位委派到非国有公司、企业以及其他单位从事公务的人员有前款行为的，依照本法第三百八十四条的规定定罪处罚。

有第一款行为，在提起公诉前将挪用的资金退还的，可以从轻或者减轻处罚。其中，犯罪较轻的，可以减轻或者免除处罚。

第三章　舞弊案件调查基本流程和调查计划

　　从本章开始，将介绍舞弊调查工作的核心内容，第一节将完整阐述舞弊案件调查基本流程，让每一位从事这个行业的人能够对舞弊调查业务有整体认识和全面了解。

　　舞弊调查业务本身工作流程相对固定——从案件受理开始，到结案和存档结束，这一流程与审计流程比较相似。而看似简单的流程背后，是千变万化的调查策略，是层出不穷的调查技巧，是无数失败的教训和成功的经验，是数十年如一日的积累。

　　第二节将介绍舞弊案件调查计划制订的相关内容。这部分内容是笔者多年案件调查工作经验的总结，既揭示了案件调查的底层思维和基本思考逻辑，又给出了比较科学的思维训练和逻辑训练模型。读者在学习过后，结合具体案件调查实践，不断思考、总结、训练、提高，相信最终能够获得满意的效果。

第一节
舞弊案件调查基本流程

常规来讲，舞弊案件的调查基本上可以分为四个阶段，即调查立项阶段、调查前期阶段、调查中期阶段、调查后期阶段，每个阶段又包括若干基本固定的工作步骤（见图 3.1）。无论案件的复杂程度、涉案人员的多少、案件损失大小如何，基本的调查流程差异不大。案件调查的各个阶段有一定的界限，但又可能在不同的情况下，出现一定的变化。读者在实际工作中，不能刻意探寻目前处于哪个工作阶段，直接套用文中所述的工作流程，而应该形成一种自然而然的工作方法，灵活掌握本书中的一些调查理论，从而在调查工作中游刃有余。

01 调查立项	02 调查前期	03 调查中期	04 调查后期
1. 受理案件	1. 分析研判案情	1. 外部调查	1. 整理案卷
2. 立项决策	2. 草拟调查计划	2. 内部调查	2. 撰写调查报告
3. 分配案件	3. 调取相关资料	3. 证据链研判分析	3. 追损和整改
	4. 调查组成员分工	4. 访谈核心人员	4. 结案和存档

图 3.1　案件调查工作的四个阶段和主要工作步骤

一、调查立项阶段

调查立项阶段主要有三项基本工作：受理案件、立项决策和分配案件。

（一）受理案件

受理案件是指从不同的渠道收到案件线索后，对线索进行登记与受理。案件受理后，由于案件的性质不同，一般舞弊调查组织并不会对所有收到的案件线索进行调查，与舞弊无关的案件通常都会转交其他组织处置（相关内容在投诉举报案件调查部分有详细叙述，这里不展开了）。

（二）立项决策

立项决策需要舞弊调查组织认真对待。这主要涉及调查组织的权限和工作边界。对企业来说，调查组织并不能成为一个超权限机构，不能随意开展调查工作。也就是说，调查组织可调查的事项、可调查的对象、可调取的内部情报、可采取的调查手段都是受限的，是需要明确的授权的。

舞弊调查组织会经常听到外部质疑的声音如"你们就是老板排除异己的工具，是企业内部的东厂、西厂"。如果舞弊调查组织不能够坚持证据为先、公平公正的基本原则，而是随意开展调查工作，那么很可能变成企业内部的"东厂、西厂"。因此，舞弊调查组织在开展工作的最初阶段，必须获得非常明确的调查授权。

通常来说，对舞弊调查组织的调查权限设计常见这样的划分。

（1）**调查组织可以自行立项决策的调查事项**。

（2）**需要企业层面进行决策的调查事项**。

在这两种基本权限划分上，需要进一步引入一些更细节的划分方式，以便确定调查组织自行开展调查决策的范围。

问题：调查组织的常见调查权限设计思路有哪些?

（1）调查事项的范围通常是企业内涉嫌舞弊的案件，或是内外勾结涉嫌舞弊的案件，通常是对企业影响不大（一般涉及金额 ×× 万元以下，不影响企业主营业务）的普通案件，可以直接受理调查，调查超出上述范围的案件通常需要另外单独授权。

（2）调查对象通常是企业内部员工（总监以上级别），涉外部重要商业合作伙伴、政府相关人员时通常需要另外单独授权。

（3）一般会对可调取的内部情报资料进行分级管理。通常对财务报销、费控数据、常用的审批流程（不涉及深层次经营机密的）等可按照普通案件工作范围开通查询权限。在充分授权的情况下，调取内部资料和情报通常不再受限。

（4）超越法律规定的调查手段都不被准许，对员工日常行为开展常态监控的调查手段通常需要另外单独授权。

※ 未完全列举，需要根据企业实际情况进行调整。

很多舞弊调查人员在开展工作时，都遇到过这样一种困境：明明有舞弊线索，但是管理层却不准许调查，或是在开展调查工作时束手束脚，顾虑重重。诚然会有管理层某些成员参与舞弊的可能，但是还有另一种可能，那就是从全局角度来思考，开展某些舞弊调查，对企业造成的损害大于舞弊行为本身。

当舞弊调查涉及企业重要的主营业务，涉及企业核心的生产运作，涉及企业的重要商业合作伙伴，涉及和企业密切相关的外部监管机构、政府机构时，由于舞弊调查本身的敏感性，无论调查过程多么合法合规，舞弊调查人员的态度多么和蔼可亲，都或多或少会引起一些对立的情绪。而这些对立情绪的蔓延，在影响到企业的正常运营的时候，将会对企业造成更加严重的损失。调查这些可能对企业产生重大影响的舞弊案件，好比高风险手术，等同于在企业的命脉上动刀。这类案件是否进行调查、怎么调查，由管理层综合评估，做出决策。对企业和舞弊调查组织来说，这都是一个更好的选择。

特别关注事项

每个舞弊调查组织的负责人都必须清楚地认识到，舞弊调查是一个高风险的危机处置过程，必须认识到舞弊调查可能引起的重大后果。如履薄冰，便是舞弊调查人员日常工作的真实写照。

（三）分配案件

调查立项完成后，通常根据案件的性质、复杂程度、地理位置、所涉人群等，挑选最合适的舞弊调查人员开展调查工作。

问题：分配案件时需要思考哪些维度？

（1）从案件的复杂程度考虑，确定调动多少调查力量及整体案件周期有多长。

（2）从案件的性质和待查事项考虑，确定需要具备哪种调查能力的人员。

（3）从案件的地理位置、所涉业务类型考虑，尽量挑选了解当地情况的舞弊调查人员。

（4）要注意综合考虑调查成本和效率。

（5）要注意对舞弊调查人员的培养，为他们创造锻炼、试错的机会。

（6）要注意舞弊调查人员之间的磨合，不断寻找最优的组合。

※ 未完全列举。

挑选好舞弊调查人员后，一般会以邮件的形式发布调查任务，当然也可以通过企业微信、钉钉来发布调查任务。分配案件时的要求是分配工作一定要留痕，并且进行备案登记。

二、调查前期阶段

调查前期阶段一般需要开展以下几项工作。

（一）分析研判案情

分析研判案情通常是指分析需要调查的事项，梳理现在掌握的证据和线索，研究案情，确定侦查对象，列出涉案人员名单（内部人员、外部人员），明确调查方向和事项，准备草拟调查计划。

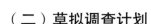

（二）草拟调查计划

根据案情分析研判的结果，草拟调查计划。调查计划一般不用过细，后期根据调查中发现的情况仍需多次修订。一般需要根据案情绘制人物关系图，研究涉案人员。同时，还应安排好调查的先后顺序、舞弊调查人员之间的分工。

（三）调取相关资料

根据调查计划，调取与调查事项相关的内部资料，包括但不限于各种审批流程、内部档案资料、财务凭证等，通常需要调取：

（1）企业内部相关人员的资料，包括但不限于人力资源档案、入职材料、劳动合同等；

（2）组织架构图，包括企业内部人员在企业的职位、职务、审批权限；

（3）案件中涉及的企业内部的各种业务数据、底档、票据等。

（四）调查组成员分工

根据调查计划，对调查组成员进行分工，以便后续进一步深入开展调查工作。

三、调查中期阶段

调查中期阶段需要进行实地调查工作，涉及外部调查和内部调查两个基本调查方向。

外部调查对象是与舞弊案件相关的一些企业以外的人员，舞弊调查人员与他们就舞弊案件的事实进行访谈求证，获取相应的证据。内部调查对象主要是与舞弊案件相关的企业内部的人员，舞弊调查人员与他们就舞弊案件的相关事实进行访谈求证，获取相应的证据。

外部调查跟内部调查进行到一定阶段，获得了一定的证据后，舞弊调查人员就要对已掌握的证据进行复盘，对这些证据进行循环求证，对案情进行研判分析。当确定时机成熟后，就可以对舞弊核心人员进行访谈，从而最终认定舞弊案件的事实，这也是舞弊案件调查的最终攻关阶段。

当然前期在没有取得全部证据的时候，也可以对舞弊嫌疑人或者违规嫌疑人进行访谈，但是访谈策略不同于压力访谈，可能只是简单地了解情况，类似于了解基本业务的常规访谈，这时就不涉及对舞弊核心人员最后的攻关（具体如何访谈，后面会在访谈与笔录的相关章节再详细阐述）。

所以在具体调查舞弊案件的过程中，舞弊调查人员不会按照某一固定套路开展调查工作。没有适用于所有案件的调查计划，需要根据不同的案件采用的不同策略。

四、调查后期阶段

当舞弊调查人员对舞弊核心人员访谈完毕，认定了违规的事实，获得了足够多的证据，所有的舞弊事实都已查清（或是无法再获得新进展）时，舞弊调查工作也就进入了尾声。此时，舞弊调查人员的主要工作包括整理案卷、撰写调查报告、追损和整改、结案和存档等。

第二节
舞弊案件调查计划的制订

一、调查计划解析

舞弊案件调查计划与其他工作计划类似，是对一定时期的调查工作预先做出安排。

工作计划实际上有许多不同种类，它们不仅有时间长短之分，而且有范围大小之别。

根据不同的角度，工作计划可以分成很多类别。

工作计划按时间的长短可分为：长期工作计划、中期工作计划和短期工作计划；年度工作计划、季度工作计划、月度工作计划和周工作计划。

工作计划按紧急程度可分为：正常的工作计划、紧急的工作计划和非常紧急的工作计划。

工作计划按制订计划的主体可分为：自己制订的工作计划、上司下达的工作计划，以及同级别同事请求协助完成的工作计划。

工作计划按任务的类型可分为：日常的工作计划和临时的工作计划。

本书中的舞弊案件调查计划主要是中短期的针对某一案件制定的调查工作方

案，其目的主要是解决单一案件或关联案件的调查规划问题，时效一般是一周到数月，这与舞弊调查的周期有密切的关系。

（一）调查计划的二重作用

1. 调查计划的常规作用

调查计划可以协调舞弊调查人员统一开展行动，减少工作的盲目性，使工作有条不紊地进行。同时，调查计划本身又可作为对工作进度和质量的考核标准。调查计划对工作既有指导作用，又有推动作用，制订调查计划是建立正常的工作秩序、提高工作效率的重要手段。

2. 锻炼思维能力，提高案件调查成功率

制订调查计划也是一种锻炼思维的方式。通过调查计划的制订，锻炼分析能力、逻辑推理能力、风险控制能力、组织协调能力等，对不同能力、不同职业生涯阶段的舞弊调查人员，都有很好的训练效果。笔者建议，针对简单案件制订简单计划，针对复杂案件制订详细计划。在日常工作中，舞弊调查人员要培养敏感性和逻辑思维能力，从而不断提高舞弊调查水平。

在制订调查计划的过程中，舞弊调查人员需要慎重考虑每个调查环节，预判调查中可能出现的各种风险，从而尽量降低调查风险，提高调查的成功率。另外，在实际工作中，舞弊调查人员需要特别关注调查过程中，嫌疑人、证人这些调查对象的心理变化，设身处地地分析他们的思维方式、可能采取的行动，才能预判出调查对象的下一步动作，从而提前准备好应对措施。以上都是制订调查计划时需要考量的重要因素。

（二）调查计划和审计计划

调查计划有很多方面与审计计划相同。在开展反舞弊审计工作时，审计方案其实就是调查计划。调查计划与日常审计方案的区别主要在于，调查计划更多关注调查风险，更多关注调查动作的突然性、隐蔽性，更多关注法定证据的取得和固定，更多关注调查对象的思维方式及可能采取的行动。这些区别主要是工作目标的差异

导致的。调查工作的目标之一是获得法定证据，审计工作通常没有这个工作目标。

调查计划和审计计划一样，有一些SOP（标准作业流程），例如，调取内部调查对象的人力资源档案，审计被举报人的相关所有费用支出。那些共通的调查项目，也都属于SOP。调查SOP是对过往调查经验的总结，是通过不断实践积累出来的，一般这些调查SOP都是必需的调查事项，但是是否实际开展调查工作，采用什么调查顺序，哪些内容需要取舍，通常在调查SOP内是不会列出来的。调查SOP有些类似审计常用的检查单。

📖 延伸阅读

职务侵占相关调查的SOP

· ·

（1）调取涉嫌职务侵占人员的基本信息（包括劳动合同、入职登记等）。

（2）调取涉嫌职务侵占人员的工资、补贴、奖金发放明细，社保缴纳证明。

（3）涉嫌职务侵占人员相关费用审批和采购审批等全面比对审计。

（4）涉嫌职务侵占人员的经济责任和管理责任审计。

（5）调取相关费用的银行支付记录。

· · · · · · · · · · ·

特别关注事项

在调查计划中，调查的先后顺序、调查风险需要予以特别关注，舞弊调查人员通常需要随着案件发展随时调整调查计划。这也就导致了调查计划的多样性和不确定性。甚至已经开始调查，由于某些情况的发生、变化，舞弊调查人员要对调查计划做出较大调整。**套用过往的调查计划、死守原定的调查计划，都会导致重大的风险，调查SOP只能作为调查计划的补充，无法代替调查计划。**

二、制订调查计划时常见的分析工具

完整的调查计划通常都是以工作方案的形式存在的，下面主要阐述的内容不是工作方案如何撰写，而是调查计划形成过程中应该如何思考。在制订调查计划时，常用以下几种分析工具。

- 涉案人物关系图。
- 标准流程检查单。
- 舞弊调查人员分工明细表。

其中，涉案人物关系图比较特殊，它对舞弊案件调查分析研判有很强的指导性。

📖 一个侵占单位原配件的虚拟案例

某汽车主机厂生产线负责人与供应链负责人配合，将一些贵重零部件标记为残次品，违规处置给外部收购人。经初步了解，生产线负责人、一线工长、配件领用人、供应链负责人、仓库负责人、库管人员、一线质检人员等均参与其中。

案例分析如下。

在生产型企业内，变卖原材料和产成品是一种常见的舞弊形式。通常表现为多人合作，绕过原配件售后流程，直接报废处理；或是绕过产成品的返线维修流程，将有瑕疵的产成品直接报废处理。大多数生产型企业都有比较完备的报废流程，对原材料和产成品的管控也比较严格，此类舞弊行为一般需要多部门人员配合。通过了解对应的管理流程，绘制涉案人员关系图（见图3.2）能够快速锁定舞弊嫌疑人，

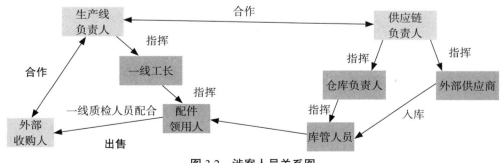

图 3.2　涉案人员关系图

了解舞弊嫌疑人分工。这是一种行之有效的调查方法。

从图 3.2 中可以迅速找出重要的三个节点的人员：一是配件领用人，二是负责出库发放的库管人员，三是流程中的一线质检人员（有些企业中库管兼任质检）。

当配件领用人从库房内领取了某重要零部件后，原配件会经历以下流程：（1）无质量问题的原配件会进入生产线生产；有质量问题的零配件会从库房退回原料供应商处进行售后；（2）如果产线工人在生产过程中发现重要零部件有瑕疵，应经质检认定该瑕疵问题责任归属（配件供应商质量问题退回供应商进行售后处理，生产造成的轻微损伤自行处置）；（3）不能进行售后处理和修复的配件转入废品处置流程；（4）常见的情形是在按照废品进行处置前，要对有瑕疵的配件进行部分破坏（防止功能完整的配件流失）。

在整个过程中，配件领用人、库管人员、一线质检人员都可以利用手中职权将正常的原配件认定为瑕疵原配件，转入废品处置流程；在后续处置人员配合的情况下，可以在尽量保留原配件完整的情况下，出售到外部收购人处。外部收购人低价买进，简单修复后卖出，从而赚取高额利润。当然，会有部分利润通过某些渠道回到参与舞弊人员的手中。

通过涉案人员关系图还可以得出以下几个结论。

（1）整个生产链条的人都需要参与舞弊行为，包括供应链负责人、生产线负责人、仓库负责人、一线工长、一线质检人员等。

（2）外部收购人与负责废品处置的人员是合作关系。

（3）生产线负责人跟供应链负责人是合作关系。

为什么能够得出这样的结论？这是因为如果相关人员不合作，生产线负责人会察觉到经常出现废品问题，从而会反映给供应链负责人，同时进一步反馈给采购负责人，废品最终流转到原配件生产商处进行售后处理。原配件生产商对于不属于自己质量问题的情况一定会反馈，从而导致舞弊行为被发现。

同理，涉及该原配件流动的相关人员一般都会参与其中（当然，这还需要进行多方验证）。为什么会这么判断呢？这是因为如果不是舞弊组织的一分子，没有获得利益，在某种条件下有很大的可能性会把该舞弊问题反馈出来，这对舞弊组织来说风险巨大，所以生产链条中涉及原配件流动的相关人员都很可能参与了舞弊。

通过涉案人员关系图，你会发现生产线负责人指挥一线工长，一线工长指挥配件领用人，一线质检人员予以配合。供应链负责人指挥仓库负责人，仓库负责人指挥库管人员。

这些涉案人员的关系可能根据不同企业的组织架构有所变动，绘制涉案人员关系图能够让舞弊调查人员形成最直观的认知。

所以一般还是要调取组织关系和管理结构，包括管理流程，来认真绘制涉案人员关系图。通过绘制涉案人员关系图，舞弊调查人员可以梳理清楚舞弊参与人员之间的复杂关系，为分析案情、开展后续调查工作打好坚实的基础。涉案人员关系图的绘制过程，也是明确需要实际调查人物的过程。舞弊调查人员通过绘制涉案人员关系图，分析舞弊事件中关键人的不同作用和行为，逐一查清舞弊关键人，从而能够最终还原出舞弊事件的全貌。

问题：如何绘制涉案人员关系图？

一般涉案人员关系包括由于企业运营管理产生的人员关系和私人交往产生的人员关系（包括亲属关系）两大类，可以通过以下步骤来绘制涉案人员关系图。

（1）调查了解内部涉案人员在组织架构中的位置和对应管理权限。

（2）调查了解舞弊相关事件的内部审批流程和管理权限。

（3）调查了解内部涉案人员的员工档案，要特别关注历史交集、招聘时的关联关系。

（4）调查了解内部涉案人员之间的私人关系，要特别关注情侣、夫妻、友人、同学等特殊关系。

（5）调查了解内部涉案人员和外部涉案企业、涉案人员的私人交往。

（6）调查了解内部涉案人员的舞弊动机，特别关注不良嗜好、不正常交往等事项。

（7）调查了解舞弊事件中每位涉案人员所起到的作用和可能的舞弊行为。

（8）根据上述情况绘制涉案人员关系图。

检查单型调查计划有点类似于审计计划或审计SOP，也就是将所有待查事项逐一列出，逐项开展调查工作。分工型调查计划类似于一般的工作方案，也就是将待查事项拆解并下发给每位舞弊调查人员，以便相互支援。调查计划其实不拘泥于某种形式，只要能对具体调查工作有所裨益即可。

三、编写调查计划时的思考维度

"大胆假设，小心求证"这个方法论的根基在于推测、假设舞弊嫌疑人具体做出了哪些舞弊行为，通过什么舞弊手段来实现了最终的舞弊目标，然后通过科学的调查方法对这些推测和假设进行核实论证，从而逐步接近舞弊事件的真相。"大胆假设"是第一步，这一步要求舞弊调查人员不仅要具备充足的社会阅历和基本常识，还应具备较强的逻辑思维能力、合乎常识的思维拓展能力、精准的判断能力。调查计划的草拟工作，对逻辑思维能力、思维拓展能力、判断力都有很好的锻炼作用。

编写调查计划时的思考维度，也就是开展调查工作时的思考维度。主要维度如下。

第一个维度：证据链的获取。

首先要考虑证据链的构成，即完全还原事实所需的证据。其次考虑这些证据的获取方式。要根据每种证据的不同保存形式、提取方式、灭失的可能性，逐一列出每个关键证据获取的行动计划。

第二个维度：保密。

保密是制订调查计划时需要考虑的一个重要因素。保密工作对调查非常重要。整个调查工作要历经一个周期，如果包括去司法机关报案的阶段，案件调查全流程则需要一个相当长的周期（3~6个月）。在调查过程中，在没有控制舞弊嫌疑人的情况下，舞弊嫌疑人可能会采取某些行为消灭证据，做出一些反侦查动作。所以，保密工作是开展调查工作时的重要考量因素，有时候甚至对案件调查起决定性作用。这也符合最大限度地获取证据链的调查目标，因此在制订调查计划的时候要考虑调查顺序，对调查方式尽量保密。

第三个维度：风险控制。

制订调查计划的时候必须做好风险控制，在每一个重要的节点对可能出现的风险都要预判并尽量避免。尤其是要注意人身安全，提前安排接应人员，做好应急处置方案，参与调查的人员必须非常清楚可能出现的风险，以及对应的处置办法，并做好心理预期。

第四个维度：调查手段。

结合证据链的实际运用，舞弊调查人员必须非常清楚哪些证据是他们可以获得的，通过什么样的调查手段可以获得，哪些是必须通过司法机关才能获得的。在制订调查计划时，必须非常仔细地考虑可使用的调查手段，以及这些调查手段的局限性及可能引起的后果，并且在调查计划中体现出来。

企业的舞弊调查人员常用的舞弊调查手段的具体执行对象和调查方法，实际上对保密工作有非常大的影响。很多调查手段是可以被舞弊嫌疑人感知的。图 3.3 简要列出了常见的舞弊调查手段。

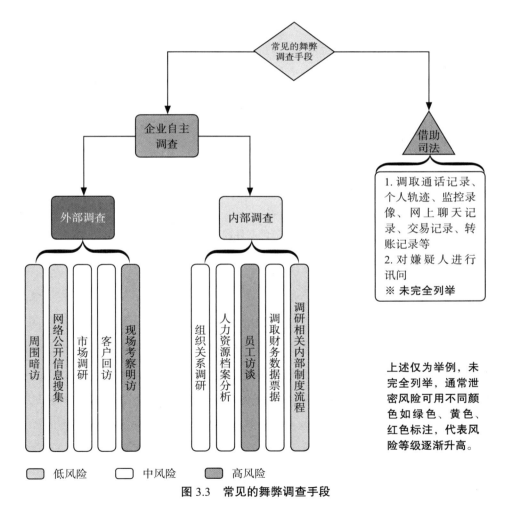

图 3.3 常见的舞弊调查手段

除了以上四个主要思考维度，在制订调查计划时，还需要注意另外几个思考维度。

第五个维度：调查顺序。

为了最大限度地保护调查秘密，防止舞弊嫌疑人察觉调查意图后对应采取反侦察手段，消灭证据，一般调查遵循从外围到核心的先后顺序（见图3.4）。外围有两层意思：一是指企业外部相关人员或事件，二是与舞弊行为关联不大的人员或事件。

通常从普通的外围事件和外围人员开始调查。一般遵循先外部摸底后内部调查这个顺序，但是也需要随机应变，而且由于情报的不全面，可能遇到最初预测的外围人员实际是与舞弊行为密切相关的内部人员，这时就更需要随机应变了。

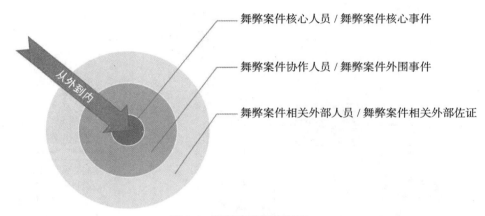

从外到内

舞弊案件核心人员 / 舞弊案件核心事件

舞弊案件协作人员 / 舞弊案件外围事件

舞弊案件相关外部人员 / 舞弊案件相关外部佐证

图 3.4　舞弊案件调查顺序

第六个维度：分工配合。

在调查复杂的舞弊案件时，一般为了提高调查的成功率，通常需要在不被舞弊嫌疑人察觉的情况下，迅速开展工作以获取证据。很多时候，需要多组舞弊调查人员配合。例如，舞弊行为涉及多地，舞弊嫌疑人已经离开舞弊行为发生地，在与舞弊嫌疑人进行访谈时，可能就需要在舞弊行为发生地留有舞弊调查人员，迅速去核实舞弊嫌疑人阐述的尚未被舞弊调查人员掌握的新事实，这样才能最终查到舞弊事实。分工时，需要考虑到不同舞弊调查人员的特长和优势，综合考虑待查案件中的核心证据和核心事项，按照不同舞弊调查人员的特长和优势，对他们的工作进行协调安排，最大限度地提高调查的成功率。

第七个维度：调查周期。

舞弊调查组织必须非常清楚常见案件和复杂案件的调查周期。一般性的舞弊案件，调查周期应为 1~2 周，不超过 4 周。对于涉及刑事处理的经济类案件，在刑事报案前，调查周期不超过 4 周。刑事报案后，在顺利的情况下，从公安机关开展调查工作到抓获嫌疑人，常见周期为 3~6 个月，进入法院审判阶段，一般为 6~12 个月（自刑事报案起计算）。在制订调查计划时，也应考虑这些调查周期，合理安排调查工作。

第八个维度：外部环境。

企业内部的舞弊调查组织的实际工作环境非常复杂。由于利益的纠葛，舞弊组织往往盘根错节，涉及协助人员和协助组织。越是重大的舞弊案件，涉及的利益越多，利益链条越长，牵扯的人员越多且职位越高。必须仔细分析敌我之间的态势，分析舞弊调查组织所处的外部环境，在不同的阶段采取不同的调查手段。或强势，或隐忍，目的都是能够在企业存活下去，与舞弊分子持续斗争下去。若采取过于激进的工作方法，很可能在取得调查成果前，舞弊调查组织就失去多数人的支持和上级的信任，从而无法继续工作。

以下是笔者制订调查计划时的一些心得体会，是对过往调查过程中失败教训和成功经验的总结。

（1）还原真实案情，获取相关证据是案件调查的首要目的。

（2）掌握案件调查的各种手段、策略是制订调查计划的基础。

（3）借助 SWOT 分析能够很好地分析调查形势，筛选调查手段，控制调查风险。

（4）人际关系贯穿案件始终，作为隐藏的暗线，调查案件时要密切关注，时刻谨记。

（5）调查的过程既是一个我方摸清案情事实的过程，也是一个调查对象推断我方调查意图的过程。泄密往往是调查失败的主要原因，一般来说，以从外围到核心的顺序开展调查工作能最大限度地保密。

（6）很多案件证据、案情事实的获取，只有一次机会，一定要慎重选择调查时机、调查手段和调查对象。

第三节
调查计划的执行与修订

调查计划制订完毕后，舞弊调查人员就应按照调查计划逐一落实调查问题，获取对应证据。具体工作时，逐一搜集、固定关键证据。舞弊调查人员要熟练掌握各种证据的搜集和固定方法。在案件发生现场实地开展工作是常见的调查方式。远程调查容易出现重大错漏，除非万不得已，一般不推荐使用。

舞弊调查人员还需要精通各种访谈技巧。在开展调查工作时，舞弊调查人员要认真倾听相关人员的陈述，发现其中的案件线索。访谈技巧众多，第四章会进行详细阐述。

整体调查工作就是围绕着"搜集证据—访谈求证—搜集证据"，不断循环，逐步接近案件的真相，这个过程其实就是证据链的循环求证过程。

在按照预先制订的调查计划开展调查工作时，由于前期情报不足，若分析研判有误，那么继续按照原定的调查计划执行，将可能面临重大的调查风险，这时就需要对调查计划进行调整。一般遇到下列情形时，必须对调查计划迅速调整，只有这样才能保证调查工作的顺利进行。

（1）调查时发现新的线索和证据，推翻了原有调查方向。

（2）案情预判与实际情况差异过大。

（3）调查过程中出现重大错漏。

（4）调查目标改变。

（5）出现紧急突发状况，有可能引发或已引发重大调查风险。

（6）发现之前未预估到的重大调查风险。

以上这些情形的发生多数是由于调查准备不足，没有获得足够的信息，根据不完整的情报开展案情分析、制订调查计划。在制订调查计划的时候，一般都会根据现有资料去预判案情，开展大胆假设。舞弊调查人员通常会根据过往调查中已经识别出的作案动机、手法等，预判案情的走向、舞弊分子的可能作案手法，这些预判受限于舞弊调查人员的调查经验、想象力及已经掌握的情况。

但是在开始调查时，通过小心求证，可以逐步排除那些不可能的怀疑和假设，逐步接近真相。这个过程也是对调查计划逐步调整和修正的过程。每次发现重要的关键证据，都要对原有的假设进行重新推理求证，并且调整调查策略和调查方向，不能继续按照原有调查计划执行。

在调查过程中，还有可能出现一些很难预测的突发情况。这些突发情况，如果可能导致调查失败，或已经引发了重大的调查风险，那么需要对这些突发情况进行迅速处置，最大限度地减小风险，这时可能需要暂停既定的调查工作，对调查计划进行重大调整。

例如，在开展外围走访过程中，突然发现自己访谈的对象是舞弊嫌疑人。舞弊调查人员在开展外部走访调查前，会先识别哪些人员为外围人员，不涉嫌舞弊。在进行外围走访时，尽量先触及这些外围人员（最大限度预防重大泄密风险）。在走访过程中，如发现访谈的外围人员竟然是舞弊嫌疑人，这种情况下外围走访时可能已经产生了严重的泄密。这时就要迅速调整调查计划，审视外围走访时泄露的信息，以及可能引起的调查风险，尽可能地采取一定的保密措施，或者加快调查进度，最大限度地防止舞弊嫌疑人察觉后消灭对应证据。

另外，还有一些情况可以通过事先准备来避免。制订调查计划时没有预测到的风险，对调查工作的具体实施有着重大的影响。需要密切关注调查泄密、阻碍调查、串供消灭证据、危害舞弊调查人员等风险，并在制订调查计划时认真考虑这些风险，预防这些风险，尽量避免这些风险。但是风险终归无法完全避免，因此一旦出现可能导致重大调查危机的风险，就应及时修订调查计划。

最后，调查计划的制订受限于计划制订人员的调查经验、调查能力、判断力、逻辑思维能力、想象力等。大多数舞弊调查人员都会依据过往类似案件的调查经验来制订调查计划，但是每个案件都有一些特殊性，看似类似的案件，可能又有着区别于其他案件的一些特殊情形。根据过往的经验制订的调查计划，其中列举的待查事项不一定适合将要调查的舞弊案件。所以在制订完调查计划后，一定要根据实际调查工作，对调查计划进行修订。修订调查计划时需要思考的内容、经历步骤与初期制订调查计划时基本一致。

第四节
案例与实操分析

我们通过一个案例来详细了解如何制订调查计划。

📇 案例

地产公司 A 在深圳地区有一楼盘，实际销售价格为 8.5 万元／平方米，政府限价为 7 万元／平方米。地产公司 A 自有销售团队，并聘用外包销售公司 B 和 C。一线销售开票为 6.8 万元／平方米，入地产公司 A 账目；其余溢价收入由 B 关联装修公司 D 开具装修发票，入装修公司 D 账目。现交回地产公司 A 实际收入为 7.2 万元／平方米，有举报称销售价格为 8.5 万元／平方米，多余部分已入 D 装修公司账目。（案件已经脱密处理，所有数据为非真实数据。）

请思考：本案例中可能涉及哪些违法违规问题，如何开展调查工作，可能存在哪些调查风险，如何编写调查计划。

地产公司 A 在深圳地区有一楼盘，实际销售价格为 8.5 万元／平方米，政府限价为 7 万元／平方米，实际销售价格是超出政府限价的。

地产公司 A 自有销售团队，并聘用外包销售公司 B 和 C，这是地产公司销售时常见的一种情况。通常地产公司不会长期雇用过多的销售人员，在自有销售团队不足以支持楼盘销售的时候，地产公司会聘用外部的销售公司。

本案例中，地产公司销售房屋本体开票价格为 6.8 万元 / 平方米。这是因为虽然市场价格已经到了 8.5 万元 / 平方米，但是政府限价为 7 万元 / 平方米。房屋本体销售价格不能超过政府限定的交易价格，所以一线的房屋本体的销售价格是 6.8 万元 / 平方米，这部分收入直接入地产公司 A 账目。市场价格已经达到 8.5 万元 / 平方米，溢价怎么办？地产公司不会按照限价成交，放弃那部分超过政府限价的 1.7 万元 / 平方米溢价利润。地产公司会把原有毛坯房改建为精装房交付，超出政府限价的溢价部分变成精装房的装修价值。所以，这部分装修款（也就是溢价部分）会由装修公司 D 开具发票入装修公司 D 账目。装修公司 D 收到装修款后，再由某种途径，返还一部分给地产公司 A。

违规操作必然面临着风险，地产公司 A 在收到销售收入后进行结算，发现实际收入为 7.2 万元 / 平方米。又有举报称该楼盘实际市场成交价为 8.5 万元 / 平方米，而差额部分其实仍在装修公司 D 处，没有返还给地产公司 A。

本案件调查起来还是比较复杂的，下面详细分析一下调查思路。

在具体开展调查工作前，需要认真列出待查事项，并且把待查事项按照泄密风险等级仔细归类，确定调查的先后顺序。本案例中主要的待查事项如表 3.1 所示。

表 3.1　本案例中主要的待查事项（未完全列举）

编号	调查目的	待查事项	完成方式
1	实际销售收入是否足额进入地产公司 A 账目	实际成交价格	现场成交过程的暗访，回访过往客户
2		地产公司 A 实际收款情况	盘点内部销售收款情况
3		二者之间的差额	实际计算出二者之间的差额
4	证据取得和责任认定	内部销售政策	调取内部销售政策签批文件、相关邮件等
5		管理条线，审批权限	组织关系摸底、管理岗位摸底
6		销售流程 / 销售情况	调取销售数据、销售凭证底单
7		现场销售团队组成	通过明访、暗访摸清现场销售团队的组成
8		收付款情况	调取来往银行流水、销售收支情况等
9	其他事项	人际关系摸底	通过访谈、暗访等方式调查了解相关人员之间的人际关系

注：所有合格的舞弊调查人员都具备独自列出上述待查事项的能力。

为了尽可能保密，按照从外部调查到内部调查的顺序分析调查所需要使用的手段，从而排出调查的先后顺序（见图 3.5）。

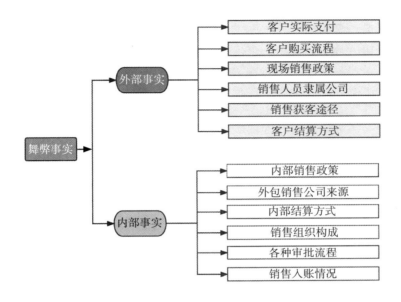

图 3.5　舞弊案件调查思路范例

根据图 3.5，可以轻松地分析出，需要优先开展外部尽调工作，从而掌握销售现场的实际销售情况。

特别关注事项

如果按照上面的调查计划来开展具体调查工作，读者需要注意一点，调查目的实际上是通过对待查事项的落实来最终实现的（不论顺序进行还是同期进行）。调查工作是整体统一的，并非针对两个调查目的执行两项独立的调查工作。在具体开展工作时，既要达到调查目的 A，又要兼顾实现调查目的 B，而并不是先达到了调查目的 A，再达到调查目的 B。

（一）核实实际销售收入是否足额入 A 公司账目

在开始调查前，其实很难准确断定出现了哪些舞弊行为，有多少人参与，也无法界定没有收到足额回款的情形是属于违法犯罪还是经济纠纷。实际销售收入是否足额入地产公司 A 账目，是第一个待查事项。

如何对该事项开展调查，就成了调查计划的一个重要组成部分。这个事项的调查工作分为三步。

第一步，对实际销售情况进行摸底。一般来说，如果现场销售正在进行，可以安排舞弊调查人员冒充客户进行暗访。如果现场销售已经结束，那么可以安排舞弊调查人员对客户进行回访。

第二步，对地产公司 A 的入账情况进行盘点。了解客户实际成交价格后，对地产公司 A 已经收到的全部购房款、装修款进行盘点，就可以了解地产公司 A 实际入账情况。

第三步，核实实际收入是否足额入地产公司 A 账目。在暗访发现实际销售收入与入账金额存在差异，或回访客户时发现存在上述问题后，就要对所有已经成交的客户进行全面回访，全面核实实际销售收入是否足额入地产公司 A 账目。

这里要特别注意的是，在暗访和回访客户时必须了解现场的成交流程，尤其是客户购房时购房款、装修款交纳渠道，这影响着后续的案件定性和调查方向，这时如果无法获得比较全面的信息和证据，后续重新开展调查取证可能非常困难。所以在开展暗访和回访客户前，需要制订非常详细的工作计划，准备对应话术，挑选非常得力的舞弊调查人员。

1. 暗访购房现场

暗访的工作计划如下。

（1）安排一男一女舞弊调查人员冒充夫妇到现场购房，开展暗访工作。

①设定一线暗访人员的身份：北京的新婚夫妇（30 岁左右），有投资和度假需求（身份背景需符合楼盘的特性），不清楚当地购房信息，主要关心限购及后续投资回报。

②确定需要了解的问题：交房日期、房屋基本设施、房屋装修标准、电器品牌、房屋市场价格、历史成交价格、投资回报率、限购政策、支付签约方式、验收

流程等。基本问题要符合购房者身份，不要明显表露出调查意图。

（2）准备车辆、设备、资金和接应人员。

根据身份背景设定，准备暗访人员的随行车辆及专职司机，准备录音录像设备。还有一组人员作为接应人员随同当地组织的看房团另行前往。当然也特别申请了购房的定金、装修款等资金。

※ 未完全列举。

2. 回访已经购买房屋的客户

回访客户时特别需要关注回访人员的身份设定和标准话术，一般会以客服的身份回访，以免引起客户反感，影响公司声誉，也有保密的考量。

回访时主要围绕着成交价格、交房情况、装修情况、交款渠道等问题展开，这里简单给出回访的话术。

📖 **延伸阅读**

回访客户的话术

· ·

您好，我们是 ×× 公司的客服人员，您是否购买了我们 ×× 楼盘的产品，现在根据公司的工作要求，对您做一下客户回访工作，需要耽误您几分钟的时间。

· · · · · · · · · · ·

由于您的房屋是精装修的，为了确保装修标准和您签约的情况一致，我们现在和您核实一下房屋精装修情况，您的房号是 ××××，您的购房开票价格是 ××× 万元，您看下装修费用，请您提供一下发票编号和支付记录……

感谢您的配合，后续如果有对我的工作进行回访的，请您给个好评。

※ 未完全列举。

回访客户时主要通过销售现场的订房登记、已签订购房合同、已收到客户款项登记等多项数据来获取相关的信息，在匹配这些信息时还可能发现销售人员一人多占优质房源、转卖优质房号等舞弊行为。在对购房人员信息进行分析时，尤其要注

意一人购买多房的情况。一人购买多房的情况通常有以下几个特征。

（1）购房人登记为同一人。

（2）用同一账户支付款项。

（3）联系电话为同一电话。

（4）购房时间、付款时间重叠。

这种客户很可能和销售人员存在一定联系，使用小额资金占据多个房源（目的是转卖获利）。这种转卖行为还有一个特征就是购房预付款不足额交纳，只交纳了最低限的定金，甚至没有交纳定金，这个特征通常在热门楼盘的销售中常见。这种客户还有可能是重要客户或和地产商有密切联系的客户，因此要慎重回访这些客户。通常为了保密，最初主要回访个人客户。

在回访确定差价存在后，在后期调查过程中，要对所有已购房客户进行全面回访，这样才能全面评估企业损失。这项工作一般在调查中后期进行，基本话术与前期回访话术相似，这里就不赘述了。

3.将掌握的实际销售情况与地产公司A入账情况进行比对

需要注意的是，对已成交的购房订单，需要逐一核实，而不能通过全局数据进行简单估算。

（二）证据取得和责任认定

需要注意的是，证据取得和责任认定过程与前述的调查过程是完全一致的，这里笔者主要围绕调查计划的实施来简要介绍证据取得和固定时的一些关键点。

1.证实实际销售收入与地产公司A入账情况差异所需要搜集的证据

（1）每位购房者的发票、转账记录、合同。

（2）公司层面的收款记录、转账记录。

（3）销售公司、装修公司、地产公司之间的合同和结算单。

（4）购房者的陈述。

（5）销售人员的陈述。

要将上述证据和实际购房者的情况一一对应核实。所有的对应证据在提供给司法机关时，应提供复印件并加盖公章。同时，还应提供对应清单，按照购房合同一一整理清楚。实际销售收入与地产公司 A 入账情况之间的差额应计算清晰，并有对应证据支持，无法核实的部分，不应直接计入总差额。

购房者的陈述：如果涉及人数很多，可以提供标准的模板，由购房者填写，签字并尽量按手印，如有可能，应提供购房者陈述的录音录像资料。

销售人员的陈述：对销售人员开展访谈时，应按照公司内部询问的标准流程进行，注意录音录像，留存访谈记录，要求被访谈人签字（尽量按手印）。

特别关注事项

发现差额后，不能直接认定存在舞弊行为，应搜集相关人员的解释，并予以查证落实。未足额转账和已经转账完毕有差额在司法认定上有着巨大的差异，要特别关注相关人员的解释，并搜集证实／证伪这些解释的对应证据资料。

---

2. 案件中的责任认定

案件中的责任认定是舞弊调查中比较困难的部分。这里有个基本的通用原则，就是"先确定权责，再认定责任"。

权责的认定主要是从对应的审批流程、内部制度、组织架构体系这些部分来搜集对应的证据。举例来说，在某一审批流中，发起人提交的待审批事项，其真伪性、正确性的责任归审批流发起人；如果该证据资料中有非常明显的错漏，后续审批人没有发现问题，那么后续审批人就可能被认定负管理责任；如果审批流中已经有明显不合规事项，在有人提出了质疑的前提下，某高层管理人员强行要求审批通过，那么就很可能构成了利用职权的主观故意，就很有可能认定某高层管理人员为主要责任人（有关管理责任、尽职性问题的认定比较复杂，在后续章节会深入讨论）。

首先，在本案例中必须搜集的是地产公司 A 在出售房屋时遵循的销售政策、销售流程及对应的审批文件。在这些文件中通常会规定结算方式和签约流程，以及规定不同的场景下给予客户的优惠条件（也可能在其他文件中体现），这些为判断实际销售时是否存在明显违规提供了一部分证据（书证）。如果这些销售政策、销售流程中的内容本身没有问题，那么就不用过多关注其审批过程；反之，如果这些销售政策、销售流程中的规定本身存在问题，那么就需要仔细调查对应审批过程，并落实责任，固定证据。

其次，在销售政策有明确规定的前提下，针对没有遵循销售政策、销售流程并且已经明显造成公司损失的销售行为，就需要仔细调查其中不合规事项的主责、次责、管理责任，研究清楚具体不合规的行为是如何产生的、由谁操作的、怎么批准通过的。这些相关人员的访谈纪要、相关的过程性文件、审批文件都是需要固定留存的关键证据，当然这些与购房认定支付记录、发票、对应合同能够互相佐证，构成证据链。

最后，在本案例中，外包销售公司B和C、外包销售公司B的关联装修公司D，实际都需要参与舞弊，才能实现占有地产公司A部分销售利润的目的。那么协助从事舞弊行为的外包销售公司B和C及装修公司D，其引入很可能属于舞弊行为的前置预备，对这两个公司的引入审批，也需要搜集对应采购制度（供应商管理制度），审核引入过程的合规性，确定其中的不合规事项，确定责任人，固定对应证据。

（三）本案例调查计划的主要编写思路

下面是编写调查计划的常见思路。

第一步，分析基本案情，确定需要实现的调查目的（确定调查方向）。

第二步，根据调查目的，确定需要实施的调查事项。

第三步，根据已经细化的调查事项，确定调查事项对应的调查方式。

第四步，根据不同的调查方式，按照从外到内、尽量保密的策略，确定具体实施行为的先后顺序。

第五步，对舞弊调查人员进行详细分工。

上述调查步骤未完全列举，请注意为了避免过于繁复，通常需要搜集哪些证据并不细化在调查计划内。

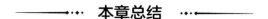

本章总结

　　案件调查计划立足于证据链理论，具体实践的出发点是舞弊调查人员自身调查能力和能够动用的调查手段（调查资源），主要目的是查清事实、搜集证据、落实责任。

　　很多舞弊调查人员在刚开始调查工作时，遇到的第一个门槛就是没有思路。笔者在开展外部授课时，经常遇到的提问就是："已经发现了审计异常，但是找不到突破口，无法落实责任和证据，怎么办？"本章主要针对这类问题，深入阐述案件调查的基本思路和思考维度，并为广大读者提供一个成熟有效的调查能力训练模型。

　　对于调查计划，笔者认为其首要作用是训练思维，其次才是指导案件调查。每个案件都有其特殊性，就算是同类案件，也仍然在某些关键环节有些许差异，而这些差异导致调查实践千差万别，正所谓"兵无常势，水无常形，能因敌变化而取胜者，谓之神"。

第四章 访谈与访谈记录

本章内容实用性很强。基于合法合规的考量，舞弊调查人员在向案件相关人员了解情况时，只能通过询问的方式开展工作。询问工作中的主要工作技巧就是访谈。访谈能力是舞弊调查人员必备的基础技能之一，也是核心技能。在没有公权力支持的条件下，舞弊调查人员访谈能力的高低对案件调查的成败起到关键的作用。据不完全统计，在过往的舞弊案件调查过程中有 30% ~ 40% 的调查线索来源于访谈沟通，80% ~ 90% 舞弊案件的最后定性是在和舞弊嫌疑人访谈之后完成的。所以，如果舞弊调查人员不具备足够的访谈能力，实际上就不具备舞弊案件调查能力。

访谈能力之所以难以提高，也难以系统学习，是因为访谈是一门经验学科。虽然有各种学术理论支撑，常见的如犯罪心理学、微表情心理学等，但是实际运用这些理论时都会存在一定的困难。要真正提高访谈能力，还是需要通过大量的访谈实践。举例来说，如果你访谈过 50 个人，那么你现在的访谈能力肯定比原有水平有很大的提高。当你访谈了 100 ~ 200 人时，你的访谈能力会有质的提高。

访谈能力是能够通过不断练习和思考得到提高的。本章和第三章一样，会专门给读者介绍练习方法，并且提供给读者一些常见的访谈策略，这些访谈策略简单实用，各位读者可结合自身实际灵活运用。

第一节
访谈与访谈记录的作用

一、关于访谈工作的常见疑问

我们首先来看一个问题。

问题：询问和讯问的区别是什么？

讯问是司法机关为了收集证据，查明案情而对犯罪嫌疑人、被告人及诉讼当事人所进行的查问。在封建专制时期实行的纠问式诉讼中，讯问是司法机关主动追究有关人犯的普遍方式。我国《刑事诉讼法》规定，对于被拘留的人，公安机关应在拘留后的 24 小时以内进行讯问。根据法律规定可以得出这样的结论，企业的舞弊调查人员不能开展讯问工作，讯问是司法机关的专属行为。舞弊调查人员只能使用访谈的技巧开展询问工作（后文统称访谈工作）。当然，在保证合法和保证访谈对象的人身权益的前提下，适度的"压力访谈"是可以的。

合法合规是舞弊调查人员开展询问工作的基本前提。舞弊调查人员在开展访谈

工作时，应该明确几个基本的前提条件。

（1）舞弊调查人员与访谈对象之间是平等的民事法律关系。

（2）舞弊调查人员无法通过限制访谈对象的人身自由来造成"囚徒困境"。

（3）舞弊调查人员几乎无法强制获取相关证据（个别证据属于企业内部资料的除外）。

（4）访谈对象说谎基本没有成本，不会受到惩罚。

（5）舞弊嫌疑人之间更容易通过串供来破坏调查工作。

（6）舞弊嫌疑人更容易通过否认之前的陈述来逃避惩罚。

※ 未完全列举。

基于这些前置条件，我们可以发现，在舞弊调查人员开展访谈工作时，有关司法机关基于讯问，限制人身自由的访谈方法，对于舞弊调查人员几乎是没有任何借鉴意义的。舞弊调查人员与访谈对象之间是平等的民事法律关系，其访谈行为类似普通人的沟通行为。

舞弊调查人员对案件知情人的访谈，类似普通人向路人打听消息的行为；舞弊调查人员对舞弊嫌疑人的访谈，类似谈判或者辩论。舞弊调查人员和访谈对象之间的访谈近似于一种心理博弈，舞弊调查人员通过语言来说服访谈对象如实阐述事件真相。消除访谈对象的顾虑，为访谈对象提供阐述动机，是舞弊调查人员开展访谈工作的关键。

二、访谈和访谈记录的作用

舞弊调查人员对案件相关人员开展访谈工作时，经常可以听到一些反对的声音。

（1）为什么要对员工单独开展访谈？你们不是警察，这是审问员工，是侵犯人权。

（2）为什么要宣读员工权益？这是企业不是公安局，你们这样会影响企业形象。

（3）访谈记录没有法律效力，没必要和司法机关一样做好访谈记录，有访谈录音就足够了。

（4）访谈记录没必要签字并按手印。

（5）员工有更重要的工作，不能配合调查。

这些问题其实主要是两类问题：一类是合规性问题，另一类是访谈和访谈记录的作用问题。合规性问题在第一章已经进行了全面的阐述，这里就不赘述了，这里主要介绍访谈与访谈记录的作用。

（一）访谈的作用

1. 构成证据链的需要

无论搜集了什么样的物证、书证，证人证言都是证据链中所必需的组成部分。无论物证获取多么全面，最终违规行为的具体实施细节，以及舞弊嫌疑人的动机等事项，还是需要通过访谈才能够核实的。之前舞弊调查人员根据物证、书证做出了"大胆假设"，最后就需要通过访谈来证实假设。所以，舞弊调查人员必须对知情人开展细致的访谈工作，来验证推断出的结论，验证推理逻辑是否正确，验证证据链是否成立。

访谈获得的案件事实能够串联起已经获得的证据，并且能够相互印证。需要注意的是，人有趋利避害的本能，舞弊调查人员在访谈过程中获得的很多信息往往是经过加工的，所以在访谈过程中需要特别关注信息是否真实，需要将其跟其他证据对应验证。

2. 舞弊调查工作的需要

访谈是舞弊调查的重要环节，也是还原事实的重要手段，从来不可能只通过物证、书证就直接认定出现舞弊行为。一个案件的最终结果，可能是舞弊行为导致的，也有可能是管理能力问题导致的，也有可能是处置不当导致的，还可能是其他不可抗事件导致的，甚至有可能最终认定不存在舞弊行为。《刑法》中严格规定了定罪量刑的法定要件，法院在最终裁决时，必须排除法定要件以外的合理怀疑才能最终定罪，这也就是法理中的无罪推定。同样地，在企业舞弊调查过程中，舞弊调查人员也必须严格遵循无罪推定原则，排除舞弊事项以外的合理怀疑，才能最终认定舞弊行为。

访谈也能为案件调查提供一些线索。舞弊调查人员在与知情人进行访谈时，往往能够发现一些有价值的线索和信息，这些都能对后续的调查工作起到非常重要的推动作用。

（二）访谈记录的作用

1. 契约作用

从法律的角度来说，本人签字确认，是表示签字文件的内容是当事人确认过的，是当事人的真实意思表示。访谈记录上的当事人签字主要有两方面的含义。

（1）当事人确认记录的内容是本人真实意思表示。

（2）在记录过程中当事人的人身权利没有受到侵害，访谈过程是合法合规的。

访谈记录上的签字代表了当事人的一种承诺，如果轻易反悔，当事人的诚信会受到质疑。其他书证、物证上的签字，也有上述功能。

经过确认的访谈记录是有一定的法律效力的，在民事诉讼中可以提交作为证据使用，在刑事诉讼中，公安机关会自行制作询问、讯问笔录，访谈记录就不再需要了。

2. 其他部门审查和合议的需要

除了移送司法机关进行刑事调查，大多数企业内部的舞弊调查都会在企业内部进行闭环处置。在企业内部闭环处置阶段，舞弊调查人员通常需要向上级主管机构阐明案件的主要事实并提供对应证据。如果有合议委员会（一般由多个部门代表组成）存在，舞弊调查人员还需要向合议委员会的成员阐明案件事实并出示对应证据。虽然之前的访谈全程都进行了录音，但是上级主管机构相关人员和合议委员成员很难从数小时的访谈录音中找到关键陈述内容。访谈记录实际上是对被访谈人陈述的总结，舞弊调查人员可以很方便地在访谈记录中找到关键陈述内容，出示给审查机构，如果审查机构对访谈记录存在疑问，舞弊调查人员可以再提供对应录音，由审查机构自行核验。这样既提高了效率，又充分证明了访谈工作的合规性和有效性。另外，访谈记录上有被访谈人本人的签字，代表该记录是其认可的，如果被访谈人当场否认，会给审查机构留下不诚信的印象，这些对于舞弊调查人员证明调查的合规性都是非常有力的。

综上，舞弊调查人员在对内部舞弊嫌疑人开展访谈工作时，一定要认真制作访谈记录，并要求其签字确认，这既有利于后续的舞弊问题闭环处置，又能对舞弊嫌疑人起到一定的震慑作用。

📖 延伸阅读

囚徒困境

· ·

　　囚徒困境（Prisoner's Dilemma）是博弈论的非零和博弈中具代表性的例子，反映个人最佳选择并非团体最佳选择。或者说在一个群体中，个人做出理性选择却往往导致集体的非理性。虽然困境本身只属模型性质，但现实中在价格竞争、环境保护等方面，也会频繁出现类似情况。囚徒困境是 1950 年美国兰德公司的梅里尔·弗勒德（Merrill Flood）和梅尔文·德雷舍（Melvin Dresher）提出的与困境相关的理论，后来由顾问艾伯特·塔克（Albert Tucker）以囚徒方式阐述，并命名为囚徒困境。两个共谋犯罪的人被关入监狱，不能相互沟通情况。如果两个人都不揭发对方，那么由于证据不确定，两个人都坐牢一年；若一人揭发，而另一人沉默，则揭发者因为立功而立即获释，沉默者因不合作而入狱十年；若互相揭发，则因证据确凿，二者都判刑八年。囚徒由于无法信任对方，因此倾向于相互揭发，而不是同守沉默。最终导致纳什均衡仅落在非合作点上。

第二节
访谈的基本要求和理论基础

一、访谈的基本要求

（一）全面掌握案件事实

通过访谈获得案件线索，核实案件事实是访谈工作的主要目的。因此，对于访谈工作的首要要求就是了解清楚案件事实。

（1）按照六要素即时间、地点、人物、起因、经过、结果了解清楚案件事实。

（2）舞弊案件知情人的基本情况、联系方式应该了解清楚。

（3）舞弊案件参与人的基本情况、联系方式、舞弊的动机、之间的联系应该了解清楚。

（4）舞弊案件中涉及的一些行业规定、业务常识、相关流程应该了解清楚。

（5）其他影响舞弊调查的信息应该了解清楚。

了解得这么详细主要是为了和自己手中的证据进行核对，这些证据可能已经掌握，可能在后续调查时需要搜集。舞弊调查人员主要是按照六要素核对证据，需要核对逻辑关系及合理性问题（是否符合常理）。

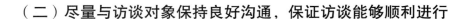

（二）尽量与访谈对象保持良好沟通，保证访谈能够顺利进行

对刚开始尝试访谈的舞弊调查人员来说，保持良好沟通，让访谈能够顺利进行，是第一个需要认真学习和仔细磨炼的技巧。草率地将访谈对象置于对立面，故意激怒访谈对象，都可能导致访谈还没有深入核心问题，双方就不欢而散了，最终没有达到访谈目的。所以，舞弊调查人员要学会和不同类型的人沟通，这里笔者推荐大家阅读《关键谈话》这本书，书里的推荐并不涉及任何商业利益，大家可按自身需求开展学习。

（三）尽量隐秘地了解情况，不惊扰舞弊嫌疑人

每次开展访谈的时候，舞弊调查人员要特别关注访谈对象在舞弊案件中的参与程度，或者其与舞弊嫌疑人的联系。为了尽可能地不给舞弊嫌疑人反应的时间，尽可能地避免舞弊嫌疑人之间串供、消弭证据。舞弊调查人员开展访谈工作时，应特别注意先后顺序，遵循从外到内的原则，也可以采用以无关问题掩盖真实问题的访谈方式来开展访谈工作。

（四）合法合规地进行访谈

在访谈过程中，舞弊调查人员要合法合规地进行访谈工作，注意可能引发的各种法律风险。在开展压力访谈过程中，舞弊调查人员会不断向访谈对象施压，一旦超过法律界限，将会触犯国家法律法规，详见第一章。

对异性员工开展访谈工作时，尽量要有同性舞弊调查人员在场，或者在开放空间进行访谈，避免被诬告、陷害等情况。

特别关注事项

大多数知情人对陈述内容细节的重要性的认知，很难和舞弊调查人员的认知相协调。很多知情人自认为非常重要的细节，实际上并非舞弊定性的关键；很多知情人自认为非常关键的线索，实际上也不是舞弊调查的关键线索。为了尽可能获取更多的信息和线索，舞弊调查人员必须学会启发式提问，增加有效

的提问数量，尽可能避免遗漏线索。通常与知情人的有效沟通时长应在 1 小时以上，与舞弊嫌疑人的访谈时长应该视案件复杂程度调整，一般时长为 2 ~ 6 个小时。

二、访谈的理论基础

不同的访谈技巧各有优点，适用于不同的场合，但是很多技巧并不实用。初入行的舞弊调查人员迫切需要一些基础又简单易用的访谈技巧。下面介绍笔者常用的访谈理论和策略。

（一）心锁理论

心锁（心理防线）是访谈对象的一种心理状态，可以理解为在访谈对象的内心深处有一把锁甚至多把锁，他把不愿意对外阐述的秘密锁起来，这些锁就是他拒绝回答的理由。

访谈对象基于趋利避害的本能，认为对外阐述秘密后会对自己产生不利影响，所以他不愿如实阐述。或者是他不清楚如实阐述对自己有何影响，但是基于风险最小化的原则，还是认为拒绝回答对自己最有利。

所以访谈对象会建立心锁，用很多理由把秘密锁起来。解锁的关键，就是消除访谈对象的顾虑，找到说服他的理由或者是能触动他的东西，让他产生如实阐述对自己更有利的想法，从而促使他如实阐述相关事实。

心锁理论既适用于一般的知情人，也适用于舞弊嫌疑人。

（二）天平理论

天平也是访谈对象的一种心理状态，在多次开展访谈工作后，我们会发现访谈对象的心理状态是在不断摇摆的。访谈对象会在"如实阐述"和"拒绝回答"之间不断摇摆。我们可以想象在他的心里有一架天平，一端是"如实阐述"的理由，另一端是"拒绝回答"的理由。我们需要逐步在"如实阐述"的一端加码，尽量说服他，消除他的顾虑。

多次开展访谈工作后，舞弊调查人员可以明显观测到访谈对象心里的天平倾斜到什么程度，他的心锁是否已打开。访谈对象只要阐述了一部分事实，他的心锁就已经打开了一部分，他就更容易如实阐述剩下的事实。

访谈的过程其实是一个解开访谈对象心锁的过程，也是打破访谈对象心理平衡的过程。解开访谈对象的心锁，打破访谈对象的心理平衡，往往是访谈成功的关键。

舞弊调查人员访谈时面对的是人心。通过与访谈对象不断沟通，消除访谈对象心中的顾虑，给他一个阐述的理由，让他主动阐述案件事实，这就是访谈工作的主要策略。

访谈的最终目的是查证舞弊案件的真相，但是人心是非常复杂且不可测的，所以访谈效果很难预测。

为了提高访谈的成功率，舞弊调查人员要搜集更多有效的证据，研究更有力的话术，积累更多的访谈经验。但是就算已经获得了很多证据，证据链完整充分，访谈话术也没有问题，访谈对象是否"如实阐述"还是取决于他的心理变化。所以，访谈效果永远是不确定的，没有 100% 的成功概率。

第三节
与舞弊嫌疑人进行压力访谈

在笔者开展外部授课时，有很多同行都表示，在与舞弊嫌疑人沟通时遇到了很多困难，尤其是在最后突破阶段，频频碰壁，不得其法。笔者在此分享一些实在的、可用的访谈策略，以帮助大家在舞弊调查的最后环节获得突破。

与舞弊嫌疑人进行访谈的过程既是博弈的过程，又是辩论的过程。因此，谈判技巧和辩论技巧也适用于与舞弊嫌疑人的访谈。与舞弊嫌疑人沟通是非常考验舞弊调查人员综合素质的，舞弊调查人员需要深入了解舞弊嫌疑人的心理，掌握足够的沟通技巧、随机应变的能力、洞察力等。这些都需要从实践中一点点积累。

与舞弊嫌疑人的访谈必须合法合规，舞弊调查人员不能对舞弊嫌疑人的人身自由进行约束，但是舞弊调查人员可以通过出示相关证据、宣读相关法律法规等方式，给舞弊嫌疑人施加一定的访谈压力，促使其配合调查工作，如实阐述舞弊事实。可以认为，与舞弊嫌疑人的访谈，大多属于压力访谈。

一、压力访谈准备

压力访谈中往往双方情绪对立，舞弊调查人员面临较大的风险，因此在访谈开始前，为了尽可能提高访谈的成功概率，要竭尽所能做好充分的准备。访谈准备跟调查准备类似，但是也有一些不同。压力访谈的前期准备工作近似于辩论赛之前的准备工作。在访谈前，舞弊调查人员要尽可能搜集相关的证据资料，要搜集的内容包括员工信息、组织结构、审批流信息等，当然还要搜集其他舞弊线索和证据。

（一）访谈对象信息搜集和人际关系了解

有些舞弊调查人员对搜集访谈对象信息存在疑惑，个人信息其实对访谈工作非常重要，舞弊调查人员主要通过个人信息，对访谈对象的学识、工作经历、人际关系进行了解。了解了这些情况，加上对其日常的工作情况、性格特征的掌握，舞弊调查人员就可以大致预测访谈对象更容易接受哪一种访谈形式。

另外，在关键时刻，舞弊调查人员可以利用与访谈对象关系密切的联系人，对他进行说服教育。这也是常用的一种开解策略。

特别关注事项

这里提及的访谈对象的个人信息只能通过合法手段搜集，或是从外部公开渠道搜集，舞弊调查人员不能采取违法的手段开展调查工作。

（二）其他证据准备工作

如果舞弊调查人员判断访谈对象存在舞弊行为，那么必须把书证、物证都准备好，包括访谈对象可能解释方向的对应证据，都尽量搜集到。

需要特别注意的是，一般在访谈前，掌握的证据通常能推导出几种可能情形。这些可能情形其实就是访谈对象解释的方向。舞弊调查人员一般会对这些可能性逐一查证，以便访谈对象往某个方向解释的时候，有对应的证据用以证明他阐述的内容是真是假。

所以证据搜集其实贯穿调查始终。舞弊调查人员要贯彻"大胆假设，小心求证"这一方法论。如果在访谈前就预测了访谈对象可能的解释方向，在之前的调查过程中，对这些可能的解释方向都进行了查证，落实证据，那么在与访谈对象交锋

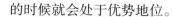

的时候就会处于优势地位。

（三）访谈问题的准备

在访谈开始前，应该详细列出需要询问的关键问题，核心是要列出所有的待查问题，这有点类似于拟订调查计划时的工作，拟订调查计划时也要列出所有的待查事项。在访谈准备阶段列出的关键问题，就是根据已经掌握的证据无法确定的事项，这些事项需要跟访谈对象求证。

这些问题需要按照某个先后顺序提出，这个先后顺序要体现在访谈策略中。

很多业内人士习惯直接询问，并不喜欢在访谈开始前列出访谈问题，这是不可取的。这主要有两方面的负面影响：第一，在访谈现场由于时间紧迫，双方对立情绪高涨，舞弊调查人员很容易遗漏关键问题；第二，访谈现场随机性太强，没有提前准备访谈问题、制定访谈策略，舞弊调查人员不容易把控访谈走向。

（四）访谈方案准备

通常在访谈开始前需要拟定对特定对象的访谈策略。没有一个访谈策略可以完美应对所有访谈对象，每位访谈对象的世界观、人生经历、社会地位都存在着差异，这些差异会对舞弊调查人员可能采取的访谈策略产生影响。

若访谈对象是公司高管，在访谈的时候，访谈对象由于处于优势地位所以往往具有心理优势。如果派遣职级较低的舞弊调查人员对高管进行访谈，往往效果较差。对于这类人群，通常要采用比较柔和的访谈方式，要安排职级相对较高的舞弊调查人员开展访谈工作。

若访谈对象是公司基层员工，并且比较看重各种利益，舞弊调查人员开展访谈工作时通常可以更加简单直接。对他不断开解说服，甚至采取一些利益交换的手段，让访谈对象认为如实阐述对自己更加有利，从而促使他配合舞弊调查人员的访谈工作。

若访谈对象是比较年轻的员工，舞弊调查人员应使用符合他年龄阶段的语言，为他解答疑虑，这样通常能够获得很好的效果。

若访谈对象是有一定社会阅历、心智比较成熟的员工，舞弊调查人员可以在访谈过程中来回开解，关键时刻仔细讲解法律问题，让他明白利害关系。通常这类员工都会做出对自己最有利的选择，从而配合访谈工作。

对于抵触心强的访谈对象，舞弊调查人员应当注意在访谈过程中语气要更加柔和一些，否则极易引起对立情绪，导致访谈无法继续下去。

还有一些人群的防备心非常强，舞弊调查人员在和这类人群开展访谈工作的时候，经常问三四个问题，访谈对象思考很久才会回答其中一个问题，这会导致整个访谈过程非常冗长，舞弊调查人员要提前做好准备。

另外，舞弊调查人员应密切关注下列问题。

（1）访谈工作适合由谁去开展？

（2）在哪个地方访谈？在什么时间访谈？

（3）何种情况下适合进行访谈？

（4）访谈时是否需要访谈对象的上级领导在场？

（5）访谈时是否需要访谈对象的上级领导或其他相关人做铺垫？

（五）访谈环境和访谈时间选择

访谈是人与人沟通交流的过程，它有点类似于谈判，又有点类似于辩论，所以舞弊调查人员要关注人性，关注访谈对象的心理变化，关注外部因素对访谈对象情绪和情感的影响。

一般来说，如果选在访谈对象的主场如访谈对象的家中或者他熟悉的环境中进行访谈，访谈对象在心理上就有主场优势，他的心理平衡不太容易被打破，他心中的天平会向"拒绝回答"这边倾斜，所以容易导致访谈失败，特别是在开展压力访谈工作时。

在访谈时间的选择方面，主要考虑访谈的连贯性。如果选择的访谈时间不恰当，容易导致访谈中断。一般来说，在访谈过程中，尤其涉及舞弊行为相关的具体细节时，往往会问一些关键的问题。前文已经介绍过，开展访谈工作的时候，访谈对象通过舞弊调查人员的提问，也能逐步了解舞弊调查人员已经掌握了什么证据。所以在访谈过程中，如果访谈中断，访谈对象就有空余与其他舞弊相关人员统一口径，或是联系其他人员毁灭证据，导致访谈失败。舞弊调查人员不能对访谈对象进行人身自由的限制，但是在访谈现场，访谈对象不太方便当面串供，所以舞弊调查

人员应该尽量保证访谈的连贯性。

另外，在开展压力访谈时，必须持续给访谈对象施加压力，一旦访谈中断，他就会排解压力。

一般建议在下午 1 点至 6 点之间对特别关键、重要的舞弊嫌疑人开展访谈。为什么要选择这个时间段？这是因为上午的工作时间比较短，中午吃饭的时间一般为中午 12 点至下午 1 点。基于合法合规的工作需要，舞弊调查人员不能制止访谈对象午休，也不能限制他人的人身自由，所以访谈对象完全能利用这段时间去串供。因此，一般不建议在上午对关键人物进行访谈。

如果下午 1 点开展访谈，下午的工作时间比较充裕，同时下班时还可以采取询问访谈对象能否加班等策略，尽量延长访谈时间，从而有利于保证访谈的连贯性。请注意：一般选在下午对**特别重要的舞弊嫌疑人进行访谈**。

特别关注事项

舞弊调查人员必须特别关注访谈风险，尤其是与人身安全相关的风险。如果访谈对象涉嫌重大问题，可能严重影响其后续人生发展，对这类人员开展访谈工作时，舞弊调查人员要特别关注人身安全，一般应选在较低楼层进行访谈，以免访谈对象出现自杀、自残等过激行为，必要时可以要求安保人员及与访谈对象关系密切的相关人员在不远处待命。

二、访谈现场控制

（一）访谈现场人员数量控制

对访谈现场人员数量要进行一定的控制，访谈现场不能出现人员过多的情况。访谈对象通常只有一个。多位访谈对象会形成群体优势，他们能够相互支撑、排解压力。

如果现场存在多位访谈对象，这些访谈对象会认为己方有群体优势。而且多位访谈对象在场，他们之间也很容易串供，会导致整个访谈现场难以控制，所以建议选择单一的访谈对象。也就是说，舞弊调查人员可以有多个，但是访谈对象只有一个。

但是在特殊情况下，如要求相关人员相互对质、相互印证，也可以考虑选取多位访谈对象。这时通常在场的舞弊调查人员数量要大于等于访谈对象数量，以便控制现场。

（二）访谈工作人员的安排与配合

如果只有一位访谈对象，那么舞弊调查人员一般为两人，且至少有一名舞弊调查人员与访谈对象的性别相同。舞弊调查人员一般分为主审和记录员（辅助访谈人员），主要工作方式是相互配合，保持访谈的延续性，避免访谈陷入僵局。两人的分工如下。

主要的谈话由主审进行，只有谈话无法进行，或者是访谈对象跟主审发生激烈冲突，需要陪同人员缓和时，才需要辅助访谈人员配合。如果发现主审遗漏了重要问题，辅助访谈人员通常不能在访谈现场直接制止主审或直接提出主审遗漏的问题。因为这种情形会使访谈对象的注意力从主审转移到提问人员上，从而导致他心理上的压力有所减轻。

所以，如果没有出现严重对立，导致访谈无法进行下去的情况，辅助访谈人员应尽量少发言，通常辅助访谈人员只起到协助和推动访谈的作用。

基于说服教育的需要，有时候也会选取访谈对象熟悉的人员来访谈现场协助，如访谈对象的上级、亲属。在访谈进行不下去，访谈对象出现特别强烈的抗拒情绪的时候，一般会请他的上级来进行说服教育。如果已经掌握了关键证据，为了促使舞弊嫌疑人主动解决问题，也可以邀请其亲属来现场一起沟通。

三、访谈现场策略

（一）微表情分析

从微表情去分析对方的心理非常有用，熟练掌握微表情对访谈工作有很大的帮助。但是不推荐大家在最初开始访谈工作的时候，依赖微表情分析这个技巧。这是因为微表情分析这个技巧必须基于丰富的访谈经验。也就是说，必须访谈过相当数量的人员，对不同人群在不同的心理状态下做出的不同动作都有一定的了解，微表情分析对访谈工作才有意义，否则微表情分析很容易引起误导。

微表情分析在舞弊调查过程中到底有没有实用性呢？笔者认为是有的。但是不推荐刚开始开展舞弊调查的舞弊调查人员使用，因为它的提示意义，以及可操作性都微乎其微。就算通过微表情分析识别出访谈对象可能在说谎，如果舞弊调查人员没有能力戳破他的谎言，实际上也无法说服访谈对象如实阐述。

所以在多年的实务工作中，笔者不断地思考摸索，意图找到一个更简单、更实用的访谈策略，这个策略要方便学习，不依赖太多的访谈经验，也不需要特别的话术。它就是下面要重点介绍的访谈策略——围城策略。

（二）围城策略

前文中已经分析过，访谈过程尤其是对关键的舞弊嫌疑人进行的访谈，实际上是一个谈判的过程。这里的谈判，就是舞弊调查人员要尽量说服访谈对象配合调查工作，访谈对象其实非常清楚，他如实阐述案件事实后的利弊。舞弊调查人员需要不断地与其谈判交流，进行利益交换，说服他配合调查工作。

访谈过程又是一个辩论的过程，访谈对象每做出一个解释，舞弊调查人员都需要拿出证据来验证他的解释是真实的还是虚假的。如果舞弊调查人员每次都能成功戳破访谈对象的虚假解释，他就越来越不敢提供虚假证词，他心理上的天平就会往"如实阐述"这边倾斜。但是，如果舞弊调查人员每次出示关键证据，访谈对象都能做出合理的解释，而且舞弊调查人员没有办法戳破他的虚假解释，就会导致关键证据无效。在关键证据无法证明访谈对象有舞弊行为的时候，他心理上的天平就会往"拒绝回答"这端倾斜。

围城策略的基础是前面的心锁理论和天平理论。城池的中央是访谈对象想要隐藏的真相，被围城池的城墙、城门就是心锁理论中的心锁。

舞弊调查人员需要通过一系列的问题包围住城池，从而保证访谈对象的每一项虚假证词都可以被戳破，保证出示的关键证据都能起到应有的证明作用，保证天平持续向"如实阐述"一端倾斜,直至天平完全倒向"如实阐述"一端。

在进攻这座秘密之城前,舞弊调查人员要将城池紧密地围困起来,防止访谈对象"逃走","逃走"的路径其实就是访谈对象可能的解释方向。围困城池的是一系列问题;攻打城池的,则是能够戳破对方谎言的关键证据。

四、访谈现场实操

使用围城策略开展压力访谈的具体操作如下。

第一步,以基础问题组成包围网。

通常以访谈对象的日常工作内容、过往经历等缓和型问题作为开局问题,这也是围城策略的基础问题。我们可以把这一步理解为在最终攻破访谈对象心理防线前,先把城池包围起来。包围的过程就是用基础问题来包围秘密之城的过程,这些基础问题限制了访谈对象后续可能解释的方向。

舞弊调查人员在和访谈对象开展最终的压力访谈的时候,已经获得了一些关键证据,但是这些关键证据可能推导出几个不同的事实。访谈对象也有可能做出几个不同的解释,但是在访谈前不可能全盘查证这些解释。如果舞弊调查人员拿出这些关键证据质疑访谈对象,他的解释能够合理说明自己没有舞弊行为,但是舞弊调查人员又无法对这些解释证伪,他心中的天平就会向"拒绝回答"这端倾斜。对于访谈对象涉嫌的舞弊行为,他如果全部成功地做出合理解释,实际上他就已经成功地摆脱了所有质疑。

访谈开局阶段舞弊调查人员提出一些基础问题,既能够防止访谈对象随意地虚假陈述,也有利于从访谈对象的回答中识别其后续的谎言。在访谈开局阶段,这些问题不会引起过度对立,访谈对象通常不会太过警惕。而且由于基础问题对立性不强,访谈对象往往愿意将自己应做的工作解释清楚,以表明自己的配合态度。

结合调查中的场景我们来看一个使用围城策略的例子。

例如,舞弊调查人员发现一个重大招标采购项目,供应商 B 没有进行现场考察就入围了,如果舞弊调查人员直接要求采购人员对此做出解释,他很可能答复"虽然采购制度要求现场考察,但是当时时间比较紧,就没有开展现场考察"。但是如果舞弊调查人员提前调取了采购制度,了解了该项目的准备时间是充足的,就可以用一系列问题组成包围网。

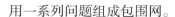

📖 延伸阅读

用问题组成包围网

· ·

（1）请把相关的招标采购流程陈述一下。

（2）日常招标采购需要多长时间？

（3）招标采购的执行时间不足时怎么处理？

（4）你是什么时候收到 ×× 项目采购需求的？

（5）×× 项目招标采购时间是否充足？

（6）供应商 B 对 ×× 项目为什么没有进行现场考察？

第二步，不断提出关键问题，出示关键证据，迫使访谈对象如实阐述。

第一步通过基础问题包围秘密之城后，再出示掌握的证据，一一地与访谈对象质证，让访谈对象所能"逃跑"的范围（虚假陈述的范围）越来越小。

每有效戳破访谈对象的谎言一次，也就意味着在"如实阐述"一端增加了一个砝码。访谈对象的心理天平会逐步向"如实阐述"一端倾斜，最后没有其他选择只能如实陈述。因为他每说出一个谎言，舞弊调查人员就拿出一个证据，相当于访谈对象往包围网外"逃跑"的时候，被狠狠地反击回去，他只能回到围城中间。

第三步，当访谈对象无法解释其舞弊行为时，给他一个如实阐述的理由。

当压力访谈进行到中后期时，访谈对象已经有很多问题无法解释清楚，他也清楚可能会面临严厉的惩罚，这时就进入了围城策略的最后攻坚阶段。在这个阶段，还有一个关键细节请读者牢记，就是"围城必阙"。

舞弊调查人员在"围城"过程中会不断给访谈对象施加压力。常用的施加压力的方式，是给对方阐述清楚违规违法的后果。例如，"你这个问题，如果我们报到司法机关，根据《刑法》第 ×× 条，可能你会被判处 ×× 年有期徒刑。"也许会有读者有疑问：这种方式是否涉及敲诈勒索？如果舞弊调查人员阐述的是违法可能，也就是依据法律可能发生的情况，这些相关法律都是国家颁布的，所以通常不涉及敲诈勒索。

此时，访谈对象会面临两种选择。

第一，访谈对象确实认识到了说谎可能使他面临很大的违法风险，那么他可能选择与公司达成和解，以换取不受法律处罚。

第二，访谈对象觉得与公司不可能达成和解，他一定会面临严厉的惩罚，这时他的选择通常是拒绝配合访谈工作。所以，舞弊调查人员在"围城"的时候要给访谈对象留有一定的余地。也就是说，在关键时刻要给访谈对象一个不被严厉惩罚的可能性。

这就是围城必阙，必阙就是让访谈对象觉得配合舞弊调查人员的工作，如实阐述舞弊事实，还有一定轻减惩罚的可能性。如果访谈对象认为如实阐述的获益更低，那么他不会愿意配合调查。当然，如果持续施压，不加以安抚，舞弊调查人员可能会观测到，有些访谈对象在这个阶段突然拒绝回答所有问题，或是突然特别激动，不再配合访谈工作。这时其实已经很难再进一步访谈下去。所以，舞弊调查人员在这个阶段应该持续性地进行施压和安抚，让访谈对象一直有配合调查对他更有利的认识，这样才可能在最后攻关成功。

在实际访谈过程中要特别关注访谈对象心理上的转变。在压力访谈中，要对访谈对象施加一定的心理压力，但不能施加过多压力，否则容易引起访谈对象的过激反应，导致访谈无法继续进行。

在这个阶段，一般舞弊调查人员还需要一些其他策略辅助。

1. 心理共鸣策略

心理共鸣策略是什么？在各类警匪片中，都可以看到这样的情节：在访谈过程中，舞弊调查人员向访谈对象提及他的家人，提及他的行为后续可能对他本人、对他的家庭产生的影响。舞弊调查人员也经常会在访谈过程中提及"最近你好像生活有困难，家里遇到了什么问题"，这些语言除了能够给访谈对象施加一定的心理压力外，主要是能够起到共情的作用，让访谈对象给自己的舞弊行为找一个合理的解释，从而让他解开心理上、道德上的枷锁，促使他如实阐述舞弊事实。

2. 褒奖鼓励策略

一般在访谈开局，为了让访谈对象卸下很强的心理防备，一般会用他过往的一些突出贡献，或者一些良好业绩去跟他沟通，这样方便拉近彼此之间的距离。当提到他过往的光辉业绩时，他会自然而然产生一种愉悦感。褒奖鼓励策略特别适合用来访谈公司中高层管理人员。在压力访谈的时候，也可以经常提及访谈对象辉煌的过去，让他心理上产生负罪感，这也是施加压力的一种有效方式。

3.分析开解策略

访谈进入僵局的时候，访谈对象有很多顾虑，这时舞弊调查人员必须从访谈对象的角度去开解他，分析他涉及什么问题，可能会有什么后果，有哪些选择，怎么做才能利益最大化，等等。舞弊调查人员为了访谈现场不发生意外情况，甚至会请访谈对象的亲属、朋友、上级前来，配合出示关键证据对访谈对象进行开解。

4.持续施压策略

前文中已经提到了，访谈对象每编造一个谎言，舞弊调查人员就拿出一个证据证明他在虚假陈述。这种方法就是压力访谈的关键——持续施加访谈压力。每次访谈对象不愿意如实阐述的时候，就向他阐述不配合的后果，如"如果不在公司内部解决，只能交由司法机关处理"等。

围城策略实施过程中的关键问题如下。

（1）提问必须全面且细致（舞弊事实的关键细节都必须问到）。

（2）必须按照某个逻辑顺序进行提问，这样才能筑好问题的围墙。

（3）在保持访谈不中断的前提下，不断给访谈对象施加压力。

（4）关键时刻要给访谈对象"如实阐述"的理由，做到围城必阙。

📖 延伸阅读

压力访谈的围城策略

· ·

（1）从入职时间、过往经历等入手开始访谈。

（2）提问访谈对象的职位职责，深入了解其日常工作情况。

（3）逐步切入与舞弊事实相关的工作流程和制度规定，借助这些问题形成基本的包围网。

（4）全面了解舞弊事实的相关工作流程和规定后，逐步深入舞弊相关的关键问题，这通常需要经过以下几个步骤。

①全面了解舞弊事实的经过。

②对访谈对象阐述的舞弊事实中的一些细节做进一步核实。

③要求访谈对象对其阐述的内容与之前阐述的工作流程制度存在矛盾的地方进行解释。

④核对之前已掌握的证据，找出与访谈对象的陈述之间的矛盾，逐一要求对方做出解释，对可疑的细节进一步追问。

⑤通过不断的要求解释—戳破谎言的过程，逐步攻破对方的心理防线，使其心中的天平失衡。在这个过程中，要特别关注对方的情绪，在保持访谈压力的情况下，要不断开解劝导，给对方如实陈述的理由，也就是俗称的给台阶。

⑥在对方十分动摇的时候，出示关键的舞弊证据，讲明利害关系，说服对方如实陈述。

（5）全面了解案件事实后，访谈结束。

在具体实践的时候，大家还要根据自己的访谈能力、年龄、气场、在公司的地位，综合判断访谈对象和自己的强弱关系，选择合适的策略。

对没有太多访谈经验的人，建议如下。

第一，在访谈前搜集足够多的证据资料，准备好访谈提纲。

第二，一定要从基础问题出发，搭建好问题包围网。

第三，采用一定的逻辑顺序进行逻辑质证，戳破对方的谎言。

第四，进行说服开解，劝说对方如实陈述。

按照上述顺序进行，访谈的成败主要取决于舞弊调查人员的逻辑思维能力跟前期的证据获取程度。

五、访谈结束

在访谈结束阶段，要求访谈对象在访谈记录上签字确认，以保证访谈记录内容的正确性和有效性。

需要注意的是，公司内部访谈记录的法律效力比司法机关的访谈笔录弱，尤其在刑事案件中，舞弊调查人员就算把内部访谈记录提交给公安机关，公安机关也不能直接使用。所以，公司内部访谈记录主要在民事或者后续的民事相关处置时使用。前文中已经提到让访谈对象在内部访谈记录上签字确认的主要目的是留痕，给访谈对象施加一定的心理压力和道德约束。访谈中来回质证，要求访谈对象提供证据的过程，也是一个给访谈对象施加心理压力，树立舞弊调查组织权威的过程。

在访谈结束阶段，舞弊调查人员经常会遇到一种情况，就是虽然访谈对象配合完成了访谈工作，回答了所有问题，但是他不愿意在访谈记录上签字。笔者在这里给大家提供一种经过多次验证的有效处理方法。

> 📖 **延伸阅读**
>
> **访谈对象拒绝签字的处理方法**
> ....
>
> 第一步，在现场当面打开录音录像设备（当然可能之前已经打开录音录像设备，或者之前在密录），明示访谈对象已经现场录音录像，然后询问他不签字的原因。
>
> 第二步，向访谈对象说明需要他签字的理由，如公司的管理规定。
>
> 第三步，如果访谈对象还是不愿签字，舞弊调查人员需要找到第三方证人，通常来说一般是访谈对象的直属上级或者是 HR。第三方证人到场的目的是在见证人在场的情况下，把整个记录内容向访谈对象完整宣读一遍，以便让他确认记录内容是否正确，并且按照访谈对象的意愿进行修订，修订结束后，确认是他的真实意思表示。
>
> 第四步，如果访谈对象仍然拒绝签字，就要求见证人在每一页上签字作为见证，证明访谈记录向访谈对象宣读过了，证明他没有提出异议。

访谈结束后，舞弊调查人员还经常遇到一种情形，就是访谈对象要求留存访谈记录的副本。从法理来讲，访谈对象留存访谈记录是合法的。但是让访谈对象留存访谈记录的副本，既有泄密的可能，又有访谈记录被恶意传播的可能。所以一般可以允许其自行拍照留存，但是并不提供该记录的复印版本。

六、压力访谈中需要特别关注的细节

（一）访谈现场控制

压力访谈中经常出现舞弊调查人员无法控制访谈局面，访谈对象不愿意继续配合的情形。这时往往需要辅助访谈的第二位舞弊调查人员帮助缓和情绪，控制访谈现场的局面，给访谈对象仔细阐述他具有哪些权益，哪些是他必须配合的事项。如果缓和不了访谈对象的情绪，往往就需要邀请第三方人员到场来配合安抚访谈对象。一般 HR、访谈对象的直属领导比较适合扮演这种角色。

在访谈工作进入攻坚阶段时，舞弊调查人员要特别关注访谈对象的心理变化。在这个阶段，访谈问题涉及舞弊相关细节，非常尖锐。现场冲突会加剧，舞弊调查人员控场能力显得尤为关键，舞弊调查人员既需要给访谈对象施加足够的心理压力，又不能过度刺激对方，否则容易导致访谈对象拒绝配合访谈工作。

（二）关键证据的出示顺序 / 关键问题的提问顺序

如果前期调查充分，一般在访谈前，舞弊调查人员手中就有很多关键证据，如受贿人的直接受贿证据。舞弊调查人员还有一些不是特别关键的证据，如审批流上不合规的证据等。

有些舞弊调查人员图省事，会直接出示关键证据。在访谈的开局阶段就直接出示受贿证据，要求访谈对象解释为什么受贿。这时就会出现两种可能性：第一，舞弊嫌疑人非常震惊、害怕，直接承认舞弊事实；第二，访谈对象震惊之后，恢复了平静，直接否认舞弊事实，并且解释双方是正常的商业往来关系，双方之间发生了借贷关系，等等。第二种情形的出现其实就代表基于该关键证据的质疑失败，访谈对象向他心中的天平的"拒绝回答"一端倾斜了。

读者可以这么理解，舞弊调查人员在访谈过程中的证据出示顺序，有点类似于日常扑克牌游戏中的出牌顺序。你如果有对王、四个 2 和一堆小散牌，那么你不可能在游戏的开局就出四个 2 或对王。在压力访谈过程中，舞弊调查人员如果开局就出示关键证据，又没有质疑成功，这时就剩下一堆小散牌，也就是非关键证据，这样一来，尚未组成证据链的证据就无法发挥作用了。

所以在压力访谈的开局阶段，在没有建立起问题包围网、没有多次戳破对方谎言的时候，直接出示关键证据是一种非常不正确的访谈方式。

第四节
与案件知情人进行访谈

一、内部知情人与外部知情人

　　访谈案件知情人相对比较简单。案件知情人一般分为企业内部知情人和企业外部知情人两种。访谈这两种知情人的方法基本一致，但是又有些偏差，这里着重阐述一下它们的不同。

　　内部知情人受企业内部制度约束，舞弊调查人员对其有一定的管理权限，可以依据企业内部授权和制度相关规定，要求其在上班时间配合工作，提供资料。如果内部知情人不配合，舞弊调查人员可以依据企业内部规定对其进行一定的处罚，对内部知情人可以采用正式访谈，也可以采用非正式访谈（开会交流，私下沟通），访谈之后通常可以要求其在访谈记录上签字确认。

　　外部知情人不受企业内部制度约束，可以根据自己的意愿选择是否配合舞弊调查人员的访谈工作。在大多数情况下，舞弊调查人员和外部知情人是平等协作的关系。除非外部知情人与企业签订有合同或协议，否则除国家法律法规外，双方之间没有任何约束条款。访谈外部知情人通常无法以压力访谈的形式进行，也很难要求

其在访谈记录上签字确认。

内部知情人和外部知情人都有可能参与舞弊，因此，舞弊调查人员在访谈时都需要做好保密工作。

二、访谈知情人的技巧

无论是对哪种类型的知情人，通常都不能采取压力访谈，一般是采取较为平和的访谈方式开展工作。舞弊调查人员在和这些案件知情人沟通时，要特别注意声音语气，以免引起反感，要尽量争取知情人协助工作，交流时多运用说服、请求等工作方法，注意共情，消除对方顾虑，同时还要注意自己的言行，不能出现明显的破绽和漏洞，一定要在自行录音的同时，预判对方可能录音录像。

在与外部知情人沟通时，舞弊调查人员有时会采取隐匿身份方式开展访谈工作，主要是为了保密及更好地了解事件的真相。在采取隐匿身份方式开展工作时，要注意遵守相关法律规定，要注意自己的身份设定，尽量不要询问超出身份设定的问题，以免引起对方怀疑。

三、访谈与舞弊案件密切相关的知情人的技巧

无论对内部知情人还是外部知情人，都要关注其与舞弊案件的实际关联程度，也就是判断其是否实际参与了舞弊案件，是否与舞弊嫌疑人密切相关，或是其本身是否就是舞弊嫌疑人。如果知情人与舞弊案件密切相关，那么与其访谈时就需要非常谨慎。这里重点阐述访谈与舞弊案件密切相关的知情人的方法。

在访谈与舞弊案件密切相关的知情人时，除了常见的注意事项外，要特别注意案件调查相关信息的保密工作。

在访谈外部与舞弊案件密切相关的知情人时，舞弊调查人员通常应尽量选取隐匿身份方式开展工作。在访谈前，舞弊调查人员应设定一个虚拟身份，并以这个虚拟身份开展工作。当然，这时舞弊调查人员的言谈举止要符合虚拟身份，提出的问题要符合身份设定。超出虚拟身份的问题，舞弊调查人员不应提及。

　　在访谈内部与舞弊案件密切相关的知情人时，舞弊调查人员无法隐藏自身的身份，因此需要注意隐藏真正的调查方向。舞弊调查人员通常借用内部常规审计的名义开展工作，以免引起对方警觉，并且在开展调查和访谈工作时，要将真正想要了解的问题混在其他无关问题中，以免对方推导出调查方向。

第五节
如何制作访谈记录

本章的前面部分着重讲解了"心锁理论""天平理论""围城策略"。这些都是非常实用的访谈技巧。但是细心的读者可能会发现一个问题,前文中提到了"问题包围网",但是并没有详细讲解如何进行有效提问,更没有讲解如何通过一定的逻辑去构建问题包围网。这部分内容与制作访谈笔录有一定的关系,因此放到此节进行讲解。

一、访谈记录的类型

常见的访谈记录有以会议纪要形式记录的访谈纪要、以表格形式记录的访谈概要、以笔录形式记录的访谈笔录。这三种形式各有利弊,其中表格形式的访谈概要缺乏证据效力,记录内容也很难完整全面,通常不推荐采取这种形式。下面仅介绍会议纪要形式的访谈纪要和笔录形式的访谈笔录。

📖 **延伸阅读**

访谈纪要范例

访谈时间：××××年××月××日。

访谈地点：线上。

访谈参与人员：调查人员赵某；被访谈人×××；酒店值班经理王某。

访谈内容记录如下。

赵某：您好，我是×××公司的调查人员，我有几名员工住宿问题要向您核实，您方便回答吗？

王某：可以，您有什么问题？

※ 过程记录省略。

赵某：感谢您抽出宝贵时间接受访谈。

　　会议纪要形式的访谈纪要通常用于访谈对象无法或不便对访谈记录进行现场签字确认的场景，尤其适用于与外部人员访谈的场景。这种访谈纪要通常比较概括、简短，只要记载关键问题即可。需要注意的是，一定要正确记载参与访谈的不同的人的发言，不能仅记载谈话结果；另外，访谈过程必须全程录音。

📖 **延伸阅读**

访谈笔录范例

工作谈话记录

时间____年__月__日__时__分至____年__月__日__时__分

地点_____

访谈人（签名）_____工作单位_____

访谈人（签名）_____工作单位_____

被访谈人（签名）_____性别_____年龄_____

身份证件种类及号码_____

联系方式_____

访谈人：我们是 ×× 公司的调查人员（出示工作证件），现根据公司相关规定，代表公司与您进行工作谈话。您作为公司的员工，请积极配合我们工作。

被访谈人：_____

访谈人：这里有一份《员工协助调查权利义务告知书》，请您先阅读一下，阅读后在告知书上签字确认。

被访谈人：_____

访谈人：请您如实回答提问，如果有意隐瞒事实、诬告或者提供伪证，要承担法律责任，您明白了吗？

被访谈人：_____

访谈人：依据有关规定，如果您认为调查人员与被调查人员及事件有利害关系，可能影响本次调查结果的公正，您有权申请相关人员回避。您申请回避吗？

被访谈人：_____

访谈人：您是何时入职的？

被访谈人：_____

访谈人：您现在的职务是？

被访谈人：_____

访谈人：您的主要日常管理职能和工作内容是？

被访谈人：_____

※ 过程问题省略。

访谈人：您还有什么要补充的吗？

被访谈人：_____

访谈人：您以上说的是否属实？

被访谈人：_____

访谈人：请翻阅笔录，确认无异议后签字。

被访谈人：_____

访谈笔录形式的访谈记录记载问题全面、细致，既能体现出双方不同的阐述内容，也记录了提问逻辑和具体的回答情况，完整记载了访谈的过程。这种形式的访谈记录可以还原访谈现场的大部分情况，因此在与重要的内部证人、舞弊嫌疑人访谈时通常都使用这种形式。

二、访谈记录的基本要求

访谈记录的主要作用是完整记录访谈过程，记录参与访谈的人的不同发言。访谈记录有一定的证据作用，但是更多的作用是证明访谈记录是双方的真实意思表示。故访谈记录有以下几个基本要求。

（1）如实记载访谈参与人的真实意思，记录内容不能有歧义。

（2）访谈记录通常采用概括记录的方式，不用逐字逐句记录。

（3）时间、地点、人物、起因、经过和结果这六要素都要记载清楚，通常不能随便使用代词、缩略语（以免引起歧义），时间、地点必须完整。

（4）按照一定逻辑顺序进行记载，前后问题有一定关联性。

（5）先概括记载主要事实，再展开记录细节问题。

三、如何做好访谈记录

项链思维训练法是运用发散思维和聚合思维，不断提高逻辑思维能力和调查能力的方法。

我们可以将做好一份访谈记录想象为制作一串珍珠项链，为了珍珠项链完整、美观，我们要经过"找珠子""挑珠子""串珠子"这三个步骤。

（一）"找珠子"

"珠子"就是每次开展访谈前需要设置的每一个问题，也是访谈记录里需要记录的关键问题。这些问题对应舞弊调查人员必须了解清楚的舞弊案件关键细节。在调查计划相关章节中曾提到需要查证的关键问题，这些问题和这里提到的"珠子"都是同样的问题。所以开展访谈工作的第一步是学会寻找关键问题（预设问题提纲），也就是"找珠子"。

"找珠子"是有一定方法的。前文中已经提到了一部分相对固定的基础问题。这部分基础问题组成了最初的问题包围网。与舞弊事实有关的，如企业内的流程、制度，常见的处理规则，管理职责，都是在访谈开局阶段要问的基础问题，也就是舞弊调查人员预设问题时必须找到的"基础珠子"。

预设的问题提纲中还应包括与舞弊定性相关的必须查实的法定要件，这部分问题一般离不开作案人员、作案动机、作案手法、资金走向等，当然这里有部分内容可能已经包括在基础问题内了，这些法定要件其实也是调查计划里的待查事项。

预设的问题提纲中还包括与案情相关的细节（六要素）。尤其需要注意的是，舞弊调查人员提问的主要目的是排除由证据推导出的合理怀疑，也就是提问应让证据逻辑推导结果趋向统一，所以要注意提问与证据之间的对应关系。

"找珠子"其实是整个思维训练中最难的一个环节。必须放弃一些固有思维，学会发散思维，学会逻辑推导，只有经历了从不知道问什么到觉得很多问题都应该问的过程，才算学会了"找珠子"。

（二）"挑珠子"

"挑珠子"需要一定的经验积累，当舞弊调查人员从不知道问什么问题发展到什么都想问，就通过了"找珠子"的阶段。之后，就需要通过不断的实践，排除那些和舞弊案件实际无关的问题，这个过程就是"挑珠子"。那些被排除的问题，实际做访谈记录时也可以不记载。需要注意的是，有些问题可能单独来看，与舞弊案件关联不大，但是结合其他案情，又与舞弊案件密切相关，比如舞弊调查人员经常询问的访谈对象的亲属关系及其亲属的就业情况。这些看着和舞弊案件关系不大，但是又可能跟利益冲突、行贿受贿等舞弊情节有联系。不断积累调查经验，慢慢就能够分辨出哪些是访谈中需要的关键问题，哪些是不需要的问题。"挑珠子"其实是思维再次收敛的过程，是一个从繁入简的过程。

（三）"串珠子"

最后是"串珠子"阶段。当把所有需要的珠子找到以后（找到了所有关键问题），要按照一定的配色把珠子串起来，这样才能保证这条项链美观。这个过程既可用于制作访谈记录，也可运用于预设提问提纲。对应到制作访谈记录时，就是按照一定的逻辑顺序记录相关问题；对应到预设提问提纲时，就是预设提问的顺序。

访谈不一定严格按照逻辑顺序进行，比如交谈涉及某个关键问题时，舞弊调查人员可能就会跳到这个关键问题，把这个关键问题了解清楚，再回到之前的问题。但是访谈记录不一定完全遵循提问的顺序，可以先归纳总结，然后按照某些逻辑顺序记载。需要注意的是，归纳总结、调整记载顺序不能引起歧义，不能与实际访谈时的情形有明显偏差，不能改变现场双方表述的原始含义。记录时调整顺序，是为了阅读人能够理解清楚记录的主要内容。常见的访谈记录问题顺序有因果顺序、时间顺序、逻辑顺序等。如果预设问题工作做得好，提问的顺序符合一定关联关系，那么后续记载时也就很少需要对问题顺序进行大幅调整。

有的访谈对象会对访谈记录的内容提出疑问，比如问题记录顺序与访谈现场提问顺序为什么不一致。通常在法理上，只要记录的内容跟访谈对象阐述的意思表示一致，稍微调整（注意不是特别重大的调整）是没有任何问题的。当然这些调整都必须征得访谈对象的同意。如果访谈对象认为调整后的意思不是他本人真实意思，那么还需要再更改。

（四）访谈记录实操小技巧

第一个技巧是每一个事实都是由基本的逻辑要素组成的，这些逻辑要素（如时间、地点、人物、起因、经过、结果）都可以生成有关细节的独立问题。

第二个技巧是建议在访谈开局阶段先请访谈对象对整个事件做完整清晰的描述，再询问其他细节问题。在记载访谈内容时也应该以这种方式进行。这是为了防止记录人只记载一些关键细节，最终导致记录的内容跟实际现场表述情况不一致。

所以一般会在记载某件事时，先记载基础的简要内容，然后再逐一记载细节。

第三个技巧是如果在按照预设问题提纲开展访谈时遇到出现了新问题待查证的情况，那么就在预设问题提纲内的合适位置增加新的问题，而不是直接根据原有的问题提纲继续记录下去。

第六节
压力访谈案例

下面介绍一个压力访谈案例。

🗂 **案例**

　　20××年××月××日，某民营企业监察部门接投诉举报电话反映：在吸烟区听到供应商A下周三送货时会给采购部收货组成员王某送国庆过节费，货车牌号为京××××××。该单位送货的产品在使用过程中经常被发现有瑕疵。

　　监察部门的调查人员提前在收货区域安装了摄像设备，在收货现场查获供应商A的送货人员送给采购部收货组王某红包一个（后检查内有2000元人民币）、茅台酒2瓶。

　　现要对收货组王某进行访谈，请拟定访谈提纲。

　　案例分析如下。

　　采购部收货组成员的主要工作是对供应商供应的产品进行验收。出现质量问题的时候，采购部验收人员需要找供应商退换货。很多企业的采购验收工作也和合同支付密切相关，产品验收无误，才会按照合同支付货款（尾款）。供应商的供货质量问题，通常又与供应商的年度考核情况挂钩。

常见的货物验收过程可能存在以下舞弊行为：

- 验收人员少收货、多确认，帮助供应商违规获利；
- 验收人员通过掩盖供应商以次充好、提供与合同不符的产品，帮助供应商违规获利；
- 验收人员帮助供应商掩盖质量问题，减少供应商的售后工作；
- 验收人员隐瞒供应商质量问题，帮助供应商在年度考核事项上作弊。

※ 未完全列举。

与王某进行访谈，围绕王某可能涉及的舞弊问题开展工作。当然在访谈前，舞弊调查人员应做好充分的访谈准备。

在访谈前，舞弊调查人员应前置调查下列事项，以便获得更多证据。

- 调取王某的人力资源档案、劳动合同、工资发放明细。
- 调取供应商 A 的年度考核记录，审计年度考核存在的问题。
- 调取供应商 A 的供货记录和相关合同，并统计对应货品已经出现的质量问题。
- 审核供应商 A 出现质量问题后，供应商 A 的售后维保情况和企业对供应商 A 的对应处理情况。

※ 未完全列举。

通过这些工作，舞弊调查人员可能获取王某违规为供应商 A 提供帮助的对应证据，当然除了供应商 A 以外，王某可能在验收工作中还存在其他问题。所以通常在线索扩展时，还要调取王某验收过的所有货品的相关单据，并核查这些货品已经出现过的质量问题。

做完这些前置调查工作并获取对应的证据后，就可以对王某开展访谈工作了。访谈应按照先基础问题后核心问题、先外围事件后核心事件的顺序进行。在访谈的后段可以将已经掌握的相关证据（监控录像、礼金红包、礼品等）逐一出示，迫使王某如实阐述所涉的舞弊行为。

王某的舞弊行为可能是违规收取供应商的礼品礼金，金额达到《刑法》规定标准时，还可能涉及非国家工作人员受贿罪。对王某访谈应提前制定访谈策略，拟定访谈提纲。下面给出一个简要的访谈提纲，供读者参考。

延伸阅读

访谈提纲范例

· ·

工作谈话记录

时间＿＿年＿月＿日＿时＿分至＿＿年＿月＿日＿时＿分

地点＿＿＿＿＿＿＿＿＿＿＿＿＿＿＿＿＿＿＿＿＿＿＿＿＿

访谈人（签名）＿＿＿＿＿＿＿工作单位＿＿＿＿＿＿＿

访谈人（签名）＿＿＿＿＿＿＿工作单位＿＿＿＿＿＿＿

被访谈人（签名）＿＿＿＿＿＿性别＿＿＿＿＿年龄＿＿＿＿

身份证件种类及号码＿＿＿＿＿＿＿＿＿＿＿＿＿＿＿＿＿＿

联系方式＿＿＿＿＿＿＿＿＿＿＿＿＿＿＿＿＿＿＿＿＿＿＿

访谈人：我们是 ×× 公司的调查人员（出示工作证件），现根据公司相关规定，代表公司与您进行工作谈话。您作为公司员工请积极配合我们工作。

被访谈人：＿＿＿＿＿＿＿＿＿＿＿＿＿＿＿＿＿＿＿＿＿

访谈人：这里有一份《员工协助调查权利义务告知书》，请您先阅读一下，阅读后在告知书上签字确认。

被访谈人：＿＿＿＿＿＿＿＿＿＿＿＿＿＿＿＿＿＿＿＿＿

访谈人：请您如实回答提问，如果有意隐瞒事实、诬告或者提供伪证，要承担法律责任，您明白了吗？

被访谈人：＿＿＿＿＿＿＿＿＿＿＿＿＿＿＿＿＿＿＿＿＿

访谈人：依据有关规定，如果您确认调查人员与被调查人员及事件有利害关系，可能影响本次调查结果的公正，您有权申请相关人员回避。您申请回避吗？

被访谈人：＿＿＿＿＿＿＿＿＿＿＿＿＿＿＿＿＿＿＿＿＿

访谈人：您的姓名？

被访谈人：＿＿＿＿＿＿＿＿＿＿＿＿＿＿＿＿＿＿＿＿＿

访谈人：您是否与本公司存在经济纠纷？

被访谈人：＿＿＿＿＿＿＿＿＿＿＿＿＿＿＿＿＿＿＿＿＿

访谈人：您是何时入职的？担任什么职务？

被访谈人：_____

访谈人：讲一下您所在部门的组织架构和主要权责。

被访谈人：_____

访谈人：讲一下采购部的日常工作。

被访谈人：_____

访谈人：说一下您日常主要工作内容。

被访谈人：_____

访谈人：讲一下目前公司的主要采购流程。

被访谈人：_____

访谈人：讲一下货物验收的流程和相关规定。

被访谈人：_____

访谈人：讲一下您在货物验收时的权责。

被访谈人：_____

访谈人：验收时发现货品存在质量问题怎么处理？

被访谈人：_____

访谈人：讲一下供应商年度考评流程和相关规定。

被访谈人：_____

访谈人：质量问题对供应商年度考评有什么影响？

被访谈人：_____

访谈人：您在供应商年度考核过程中主要负责什么？

被访谈人：_____

访谈人：过往有哪些供应商出现过严重质量问题？

被访谈人：_____

访谈人：对这些出现严重质量问题的供应商后续是怎么处理的？

被访谈人：_____

※ 上述问题都是基础问题，主要目的是构筑问题包围网，从下面开始，就进入压力访谈的中后段，逐步通过质证、提问，来给访谈对象施加压力。

访谈人：您是否验收过供应商 A 的货物？过往有无发现问题？

被访谈人：_____

访谈人：发现问题后是怎么处置的？

被访谈人：_____

访谈人：这些问题是否按照规定如实向公司反馈？

被访谈人：_____

※ 问这几个问题是为了给后面的问题做铺垫，是在逐步缩小包围网。

访谈人：您看下这份材料，材料内记载的是售后部门统计的供应商 A 过往提供的产品存在的问题，之前您是否知悉这份材料？

被访谈人：_____

访谈人：您在验收供应商 A 的货品时是否发现相关的问题？

被访谈人：_____

访谈人：还有谁参与供应商 A 的货品验收？各自的权责是什么？

被访谈人：_____

访谈人：您看下之前您签署的收货单，收货单上列出了一些问题，这些问题您质检时为什么没有如实登记？这些问题发现后是怎么处理的？

被访谈人：_____

※ 这些问题就是具有攻击性的问题，目的是给访谈对象施加压力，迫使访谈对象如实陈述。

访谈人：发生这些质量问题是否对供应商 A 年度考核有影响？

被访谈人：_____

访谈人：为什么没有按照制度落实对供应商 A 的年度考核？

被访谈人：_____

访谈人：××××年××月××日，供应商 A 送的什么货？送货司机是谁？

被访谈人：_____

访谈人：您抽检这批货物时是否发现了问题？

被访谈人：_____

访谈人：经抽查，这批货物存在 ××× 质量问题，您为什么没有登记？

被访谈人：_____

※ 问这几个问题是为了给最后出示关键证据做铺垫。

访谈人：您和供应商 A 之间是否存在利益冲突？

被访谈人：

访谈人：您和司机 ××× 是否存在利益冲突？

被访谈人：

访谈人：司机 ××× 给您的是什么物品？

被访谈人：

访谈人：为什么给您现金和茅台？

被访谈人：

※ 问这几个问题时，通常会出示录音录像等证据，前面的问题都是为这几个问题做铺垫。

访谈人：您是否学习过《员工手册》？您认为这个行为是什么行为？

被访谈人：

访谈人：您还有什么要补充的吗？

被访谈人：

访谈人：您以上说的是否属实？

被访谈人：

访谈人：您看下谈话记录，确认无异议后请签字。

被访谈人：

本章总结

　　本章围绕着访谈技巧和访谈策略，深入浅出地介绍了一个可以落地使用的访谈策略，提出了一个可以提高案件调查能力、逻辑思维能力的思维训练模型。这些都是经过笔者多年的实践反复验证有效的，非常贴近实际，读者可以根据自己的情况，将其融入自己的学习和实践。

　　访谈技能和调查能力都需要在不断的练习中提升，提升的过程是非常缓慢的。但是只要日积月累，慢慢就可以看到成效。

第**五**章

舞弊案件闭环处置

舞弊调查人员在历经万难，将舞弊案件的事实基本查清，掌握了一定的证据后，就将进入舞弊案件调查的最后一个阶段了。通常这个阶段的主要工作是运用调查成果，挽回企业损失，处理舞弊嫌疑人，以及对已经发现的舞弊风险进行闭环控制。在这个阶段，每位合格的舞弊调查人员都应该思考以下几件事。

（1）企业损失如何追回？

（2）违规人员如何处置？

（3）案件是在内部处理还是交由司法机关处理？

（4）调查成果如何呈现？

（5）闭环工作如何开展？

※ 未完全列举。

笔者回溯过往的企业内反舞弊经历，舞弊案件的闭环处置对舞弊调查人员的职业生涯影响巨大。首先，舞弊案件的闭环处置意味着责任人的惩处、损失的追回、管理的调整。这些会导致企业内部一些利益的再分配。这些利益可能是管理权限，可能是岗位职能，更可能是经济利益。其次，舞弊案件的闭环处置是对调查结果的认定和运用，对舞弊调查组织的公信力有着深远的影响，处理过轻或过重，都对舞弊调查组织的公信力有重大的负面影响。再次，舞弊案件的闭环处置对舞弊嫌疑人有明显的示范作用，处理不当很容易引起舞弊风险的突然变化。最后，舞弊案件的闭环处置与企业的经营状态密不可分，最终处置时往往会优先考虑企业运营状况、经济利益、用人需要等，反舞弊工作需求经常排在末位，而这又经常会对反舞弊工作产生非常重大的负面影响。

进退维谷，就是舞弊调查人员在进行舞弊案件闭环处置时经常面临的状况。

本章主要阐述舞弊案件闭环处置过程中的一些实操技巧，通过分析舞弊调查人员在闭环处置中面临的困境和危机，分享一些常见的处理办法和思路，帮助读者更好地处理类似的问题。

第一节
处罚体系的发展

　　舞弊案件的闭环处置，实际是和处罚体系的发展联系在一起的。企业舞弊案件，绝大多数是普通的违规违纪案件，达到刑事立案标准的案件通常占企业舞弊案件的10%～20%，这个比例主要受不同企业的内控水平和业务类型的影响。除了刑事案件之外，实际上绝大多数的违规违纪案件的处置，都立足于企业内部的规章制度，由此处罚体系的发展就伴随着奖惩制度的迭代。

　　通常，当企业开始认识到反舞弊工作的重要性，进而开展反舞弊工作的时候，其内部员工处罚体系通常会经历这样几个阶段（见图5.1）。

　　（1）企业成立，简单、主观的惩罚。

　　一般在企业成立时，企业规模通常不超过100人，对于内部违规违纪，通常没有对应的成形制度规定，也没有独立的舞弊调查组织。执行反舞弊工作的通常是CEO本人或是财务负责人。偶发的舞弊案件也不需要专职的舞弊调查人员，对员工的处罚通常基于CEO或HR的主观判断。

　　（2）企业发展初期，设立初级奖惩制度，舞弊调查组织独断专行。

　　在企业发展到一定规模（员工在100人以上500人以下）的时候，随着违规违纪案件逐步增多，为了约束员工的违规行为，企业通常会设定一些内部规章制度。起初这些规章制度以劳动纪律相关内容为主，企业后续逐步会增加一些反舞弊的相关规定。这时比较有前瞻性的企业已经设立了专门的舞弊调查组织，但是对于舞弊行为的奖惩，仍然以舞弊调查组织自行判断为主。

（3）企业发展中期，制定较完善的奖惩制度，设立违规员工的申诉与合议制度。

当企业发展到一定规模后，随着舞弊调查工作的开展，企业逐步识别出奖惩制度中的漏洞，会对奖惩制度进行修订和迭代，从而形成比较完善的奖惩制度。同样，由于员工对舞弊调查工作认知的不断加深，企业内部的公平性不断提高，员工对自身权益会日益重视，申诉的需求也会逐步增多。在这个阶段，舞弊调查组织自行决定违规人员的处罚，已经不能令人信服，因此会逐步引入多部门合议制度。

（4）企业成熟期，制定完善的奖惩制度与行为准则，设立企业道德委员会。

企业进入发展成熟阶段，反舞弊工作会逐步从单一的舞弊调查发展到多领域的全面铺开，反舞弊体系已经趋于完善。这时企业内部已经有了非常成熟的管理制度体系，除了完善的奖惩制度外，也形成了对员工行为的指导性文件如《员工行为准则》，而之前功能单一的合议组织，也升级成为负责企业道德事件评判、企业廉洁宣教等复合型工作的企业道德委员会。

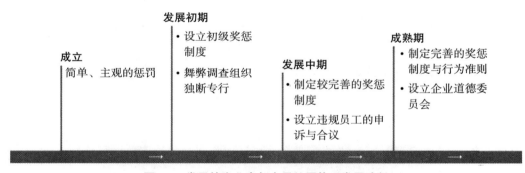

图 5.1　常见的企业内部人员处罚体系发展路径

需要注意的是，这里仅阐述了企业内部人员处罚体系的发展过程，没有深入讨论与企业相关的外部舞弊行为的惩罚。这部分内容由于惩罚对象比较多样化，惩罚方法无法一概而论，因此很难直接描述。但是对于外部舞弊案件，通常有两种行为主体：一类是与企业有一定业务往来的商业合作伙伴（组织），另一类是与舞弊相关的外部人员（个人）。对这两类行为主体，都可以通过协商、谈判、起诉等途径进行闭环处置。

处罚体系的发展路径依托于企业生命周期理论，读者在设计处罚体系时，必须立足于企业的管理现实，符合企业的发展阶段，这样才能让反舞弊工作推动企业的发展。

企业处罚体系还关联一些企业内的其他管理制度。

问题：企业处罚体系都有哪些核心管理制度？

（1）《员工手册》中的奖惩制度。

（2）《员工行为准则》。

（3）劳动合同中的廉洁协议、竞业协议、保密协议。

（4）商务合同中的反商业贿赂协议。

（5）亲属关系回避和阳光申报制度。

（6）招待、宴请，礼品礼金的管理制度。

※ 未完全列举。

根据笔者过往的外部咨询工作经验，不同的企业会按照各自发展的阶段，来选择搭建符合管理实际的处罚体系。也有很多同行咨询过笔者，搭建处罚体系是否必须经历这些常见的阶段，能否跳过部分发展阶段，直接进入比较成熟的阶段。笔者认为，经历所有的阶段是非必要的，有很多企业选择直接快进到相对成熟的处罚体系，这是可行的。但要注意，这时企业需要认真评估自身实际情况。这部分内容将在第七章论述，这里就不赘述了。

第二节
闭环处置流程

通常在案件调查结束后，案件闭环处置一般会经过以下几个主要步骤（见图 5.2）。

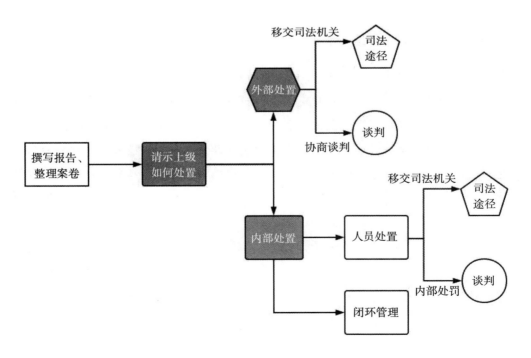

图 5.2 舞弊案件闭环处置主要流程

从图 5.2 中可以清晰看到一般案件的闭环处置的主要工作和重要的决策点。其中，请示上级决策是关键决策点。对于一般案件，舞弊调查人员会在调查基本结束后，请示上级后续如何闭环处置。但是对于一些可能对企业产生重大影响的案件，这个决策点可能需要前置，一旦发现重大危机，就需要上报企业管理层请示处置方法。这一点与危机管理中的危机处置原则完全一致。

特别关注事项

案件闭环处置时应选取危机应对最佳的时间节点开展工作，而不能拘泥于案件调查完毕。

除了上述一般流程之外，还要了解调查过程中的一些特殊情形，若遇到这些情形，需要迅速进行闭环处置。

（1）可能引起舆情危机。

（2）可能导致企业重大损失。

（3）调查对象突然离职或调岗。

（4）存在违法犯罪行为，可能需要移送司法机关处理。

※ 未完全列举。

案件调查过程中的应急闭环处置可能会影响案件调查，尤其是紧急暂停的财务付款、突然性的停职、临时叫停的采购行为等，这些都会导致调查行为曝光。故此，在做出应急闭环处置前，必须仔细考虑后续可能面临的调查困难及应对措施。

无论案件调查过程中的应急处置，还是调查结束后的闭环处置，其实都是舞弊这一危机的危机应对措施。在开展闭环处置前，通常要从以下几个维度思考（见图 5.3）。

在大多数情况下，很难满足所有维度的要求。舞弊调查人员会面临两难的选择："杀一儆百"还是"网开一面"。在闭环处置前，舞弊调查人员经常会收到两方面的意见：一是考虑业务发展，希望高抬贵手；二是对舞弊嫌疑人从轻处置，这往往会引起反舞弊体系的崩溃。

短期收益
如何追损，如何避免
继续损失

管理闭环
弥补管理漏洞，制度流程
调整，人员架构调整

名声
廉洁生态、调查组织信
誉、减少负面影响

长期利益
维护业务发展，
规避业务风险

图 5.3　舞弊案件闭环处置思考维度

管得太严，影响企业正常发展；管得太松，舞弊风险高起。处理得轻，起不到
震慑作用；处理得重，影响人员的工作积极性。尤其是面临以下几种状况时，无论
企业还是舞弊调查组织，都很难通过某一标准进行简单决策。

（1）对企业有价值的违规人员是否处理？

（2）企业的高层违规是否处理？

（3）重要的商业合作伙伴出现重大舞弊行为怎么处置？

所有舞弊调查人员都必须认识到，所有对企业可能产生重大影响的事项，不应
在舞弊调查组织内部形成闭环决策。舞弊调查组织不可能全面了解企业运作的所有
方面，因此类似的问题通常要上报主管上级进行决策，决策层级应为高级总裁以上
级别，甚至是董事会。

舞弊调查人员在决策过程中，不应被动接受上级指令，作为专业人士，应给出
可供上级决策的处置选项，并且认真与上级沟通不同的处置方式、企业的可能收益
及面临的风险，通常还要非常关注示范作用和企业公信力的变化。

还有一个非常重要的案件处置决策点，舞弊调查人员应该密切关注。这个决策
点就是移送公安机关、司法机关的时机。通常在现有的执法环境下，舞弊调查人员
应在案件调查完毕，证据资料基本搜集完毕后，请示主管上级是否报案处理。但是
舞弊调查人员必须了解，企业内部的调查行为可能对后续公安机关的调查取证产生
影响。部分调查行为可能会导致公安机关取证失败。因此对于部分重大案件，若有
很大可能性最后会报案处理，那么舞弊调查人员通常应在案件调查的开始阶段，就
和公安机关保持密切联系，甚至在公安机关的指导下开展工作。这个阶段实际并没

有正式报案。案件前置交流工作，可以避免调查中的很多错漏，也可以缩短正式报案到案件立案的时间。这其实是移送公安机关、司法机关的前置工作，舞弊调查人员通过这种交流可以了解相应机关对案件的调查方向和后续处置的建议，更利于后续主管上级的决策。**这种前置交流并不违背重大事项应请示主管上级后进行闭环处置的原则，而且能够提高报案成功率。**

第三节
舞弊案件内外处置

通过上一节的内容，读者已经了解了舞弊案件闭环处置流程。舞弊案件的闭环处置主要包括内部处置和外部处置两个方面。本节就主要分析这两个方面的处置方法，以及需要关注的一些细节问题。

一、内部处置

内部处置环节主要包括以下几个方面的主要工作：内部人员处罚、企业内部挽损和内部管理风险闭环。

（一）内部人员处罚

内部人员处罚的前置条件是在员工劳动合同、员工手册内必须有对应的约束条款，主要是与惩罚相关的条款，这些惩罚条款不得违反《劳动法》。对内部员工的处罚包括职位处分和经济处分两个方面。职位处分通常就是辞退、降职、留司察看（暂停职务）等。对内部违规员工的惩罚不得为扣除基础工资，但是可以为扣除绩效部分。如果员工造成的损失超过绩效部分，可以和员工协商赔偿事宜，员工拒绝赔偿的可以提起民事诉讼。

如果员工存在舞弊行为，在舞弊调查人员调查时突然离开工作岗位，没有交接工作，也不配合舞弊调查工作，造成企业损失，能否扣发工资，抵扣其造成的损失？根据《劳动法》，是不能的。但是在实践中，经常有企业采取暂缓发放工资，后续提起诉讼的形式来处理类似问题。

若某员工在结算年终奖前，应受到辞退的处罚，那么该员工的年终奖是否应该发放？惩罚制度内应该有具体的约定，一般"辞退"在各个企业都是最严厉的处罚（移送司法机关是另外一种处理方式，不是企业内部处罚），通常与扣除年终奖绑定。

如何设计内部员工处罚体系也是需要考虑的问题，通常企业内部对员工的处罚，需要按照违规行为的严重性，设定不同的处罚标准。但是对于处罚的等级，很少专门提及。处罚等级过多和过少在员工处罚实践中都会遇到一些问题。通常处罚等级不超过4级，笔者一般建议3级。最严重的是辞退；居中的是降职、降薪；最轻的是批评教育，扣除部分绩效。

内部员工处罚与合议、申诉流程设计密切相关，有关申诉、合议的内容，本章后面会专门阐述。

（二）企业内部挽损

企业内部挽损主要包括对内部人员的追偿，以及紧急叫停并采取止损措施。舞弊调查人员紧急叫停，通常适用于存在严重舞弊问题，可能造成企业重大损失的事项：

（1）存在严重舞弊问题，可能造成企业重大损失的采购行为；

（2）存在严重舞弊问题，可能造成企业重大损失的支付行为；

（3）存在严重舞弊问题，可能造成企业重大损失的营销策略；

（4）存在严重舞弊问题，可能造成企业重大损失的质量问题；

（5）存在严重舞弊问题，可能造成企业重大损失的生产风险、运营风险；

（6）存在严重舞弊问题，可能造成企业重大损失的商业投资、融资、并购行为。

※ 未完全列举。

对于上述可能造成企业重大损失的事项，舞弊调查人员不能自行决策，应上报主管上级后，由主管上级上报总经理甚至董事会决策。对于可以紧急叫停挽损，但是对企业没有重大影响的事项，舞弊调查人员可以根据企业现状，判断其是否属于本层级决策范围。**一般这类通过紧急叫停进行挽损的处置流程，舞弊调查人员需要事先和上级主管部门约定管理边界和审批权限。**

对于已经造成的损失，涉及外部人员的，属于外部处置的范畴，相关做法会在外部处置时着重阐述。

（三）内部管理风险闭环

这部分内容和审计、内控的风险闭环工作近似，主要包括同步案件主要信息、揭露舞弊手法、梳理舞弊风险漏洞、给出管理改进意见。一般需要将案件主要信息同步给财务、审计、内控、舞弊嫌疑人所在部门及其他与舞弊行为密切相关部门。

一般建议以月度、季度为周期进行同步。同步案件主要信息时，通常不同步调查方法，只揭露舞弊手法和舞弊风险漏洞。

内部管理风险闭环中的工作节奏非常关键，舞弊分子的舞弊手法随着舞弊调查不断变化。舞弊分子会私下交流，如果舞弊调查人员不能迅速对内部舞弊风险进行识别和闭环处置，舞弊行为很可能迅速扩张且无法控制。

除了同步舞弊相关信息之外，舞弊调查人员还应注重对舞弊数据的统计和整理。在积累了 6 ~ 12 个月的案件信息后，舞弊调查人员应该能够明确企业内部的高危舞弊风险管理流程、高危舞弊风险组织（部门）、高危舞弊风险岗位、高危舞弊风险人员。在统计和整理数据的同时，要注意"幸存者偏差"，只统计已经调查完毕的案件数据，很容易造成数据偏离真实舞弊情况。

舞弊调查人员应具备相应的企业管理知识，熟悉企业内审、内控的工作方法，基于企业管理实际，提出合理的管理建议，当然应充分征询相关部门的意见，尤其是相关业务部门的意见。

舞弊调查人员应该清楚哪些部门可以帮助自己开展舞弊闭环处置工作，并且学会和不同管理风格、不同性格的部门管理者进行沟通。舞弊调查人员行事有一定的便利，同样也存在沟通困难。舞弊调查人员这个称谓既是一种"威慑"，也增加了与调查对象的距离。调查对象无疑会考虑自己的过失是否会被追责，也同样会采取隐瞒过失的各种策略。这些都是舞弊调查人员必须考虑的前置条件。

舞弊调查人员在进行舞弊闭环处置时，要时刻注意自己的权限。通常，舞弊调查人员在这个环节中，主要揭示问题，监督相关部门解决问题。不能直接对相关的流程、制度、管理权限进行调整。直接插手处置工作，不仅涉及越权的问题，还容易树敌。但是，舞弊调查人员可以使用调查权，对故意拖延、不作为的部门开展督促谈话、尽职调查等工作，督促相关部门采取措施。

当然，舞弊调查人员更多应该使用鼓励、褒奖，甚至是让渡一部分工作成绩的方式，让更多的部门主动地、自发地开展舞弊闭环处置工作。

📖 **延伸阅读**

幸存者偏差

· ·

幸存者偏差（Survivorship Bias），另译为"生存者偏差"，是指一种逻辑谬误。过度关注"幸存了某些经历"的人、事、物，忽略了那些没有幸存的（可能因为无法观察到），会造成错误的结论。

二、外部处置

外部处置与内部处置有着完全不同的难点。

外部处置面对的是企业外部的人员和事务。这些外部的人员和舞弊调查人员之间本身可能缺乏交集，这样也就不存在所谓的"交情"。舞弊调查人员对这些人员往往缺乏了解，对他们可能做出的选择和下一步动作缺乏必要的判断，也很难设身处地从外部人员的视角来考虑问题。当然，这些条件对外部相关人员来说也是一样的，对方也很难判断我方的真实意图和可能的动作。

在外部处置中更需要关注的是我方内部的利益相关人员，这些利益相关人员由于某些情形，与外部处置对象有着千丝万缕的联系，往往会使用各种方法来干扰、阻止舞弊调查人员对相关事项进行处置。

舞弊调查人员在进行外部处置时还需要特别关注企业舆情。在处置舞弊相关外部事务时，要特别关注舞弊相关事务外泄可能引起的舆情，以及可能引发的一系列问题。

外部处置对象有以下几类。

（1）按照是否属于政府机构，分为政府机构和非政府机构。

（2）按照是否属于个人，分为个人和组织。

外部处置对象不同，可采取的措施存在很大的差异。

（1）当舞弊调查结果可能涉及政府机构人员时，在后续开展外部处置时，必须认真考虑对与政府关系的影响，此时的处置方式与政府关系危机处置近似。

（2）当舞弊调查结果涉及商业合作伙伴（组织）时，在后续开展外部处置时，应考虑后续合作对企业的影响、追损手段及后续可能的司法诉讼。

（3）当舞弊调查结果可能涉及外部的个人时，这些外部的个人实际近似于舞弊参与者，通常可以告知其违约、违法的后果，促使其与舞弊调查人员达成一致协议。

舆情处置、政府危机处置相对复杂，专业性强，属于公关部门、政府关系部门的管辖领域，这里重点讲解舞弊调查人员的工作范围，讲解其如何通过协商、谈判帮助企业追损，开展闭环控制。

问题：如何与舞弊嫌疑人（内外部舞弊嫌疑人）谈判协商？

与舞弊嫌疑人协商退赔事宜更类似于一种谈判，谈判本身就是一种博弈。前期调查获得的证据、查清的事实，就是现阶段最有力的筹码。如果能清楚了解对方的顾虑、掌握对方谈判的底线，那么在谈判时很容易占据主动。

在调查前期如果掌握了充分的证据，在谈判协商阶段就可以掌握充分的主动权。如果没有充分的证据，只是简单陈述违法违规后果，是无法促使对方积极赔偿，与我方达成一致的。就算没有掌握完整的证据链，也要营造我方已掌握充分证据的氛围。

在谈判时，要特别关注对方的情绪变化，了解其顾忌之处。要清晰判断我方和对方的底线，要给面子、留后路，充分共情，让对方理解只有积极与我方合作，才能获得最大的利益，这样才能劝服对方与我方达成协议。在劝导过程中，要特别注意合法合规，除了前文提到的访谈风险外，尤其要注意敲诈勒索与合法协商的边界。在谈判协商时，要注意以下几点。

（1）陈述对方的违法后果时注意"可能"这个词。

我方不是司法机关，不能代替法院裁决对方是否违法。陈述违法后果时，我方要注意法言法语，不要曲解法律条款，不能认定对方已经违法。在谈判和协商时，推荐陈述相关法条原文，并在陈述违法后果时，表述"如我们不能达成一致协议，你可能面临……"。

（2）陈述赔偿理由时注意合理诉求与扩大的诉求。

在协商赔偿的过程中，要和对方仔细计算我方承受的损失，这些损失与舞弊嫌疑人的舞弊行为之间应有因果关系。要特别关注法律层面支持的我方合理损失，超出太多很容易演变为敲诈勒索。

（3）禁止限制舞弊嫌疑人的人身自由，禁止侵犯其人身权益。

（4）禁止威胁其亲朋好友的人身权益。

（5）注意录音录像。

（6）协商后一般需签订赔偿协议。

双方达成一致后，要立即在现场录音录像的情况下，签订赔偿协议，赔偿协议内必须明确对方舞弊事项、赔偿理由、赔偿的金额，所有条款都是双方自愿同意的。这个动作必须迅速，防止舞弊嫌疑人反悔。当然，在签订赔偿协议后，对方仍然可能反悔，但是其对舞弊事项、赔偿理由已经签字确认，这对于我方后续寻求司法协助非常有利。

在和舞弊嫌疑人进行协商的时候，很多时候也可以寻找中间人的帮助。一般舞弊嫌疑人的亲朋好友都是可以求助的中间人。甚至可以在正式洽商前，通过中间人传递一些信息。

※ 根据笔者过往的经验，前往舞弊嫌疑人常住地，寻找其近亲属，与其近亲属进行协商洽谈，往往能够取得满意的结果，但是这种方法仅推荐访谈能力强的舞弊调查人员使用。

※ 需要特别说明的是，本书仅提供工作思路，读者在实际执行时要结合案件实际情况，笔者对读者的行为并不承担法律责任。

与内外部舞弊嫌疑人谈判协商的逻辑和思路相同，差异主要在于谈判双方的熟悉程度、寻找中间人的难易程度。

问题：如何与参与舞弊的商业合作伙伴（组织）谈判协商？

与参与舞弊的商业合作伙伴谈判协商和与参与舞弊的个人谈判协商有很大的不同。

在与参与舞弊的商业合作伙伴谈判协商时，谈判协商的对象是商业合作伙伴的代表，参与舞弊的是商业合作伙伴这个组织。谈判代表个人可能并不需要承担太多的违法、违约后果。

参与舞弊的商业合作伙伴与我方的权利义务关系基于法律规定的要件，或是双方的约定合同。如果没有签订反商业贿赂协议这种类似的反舞弊反贿赂协议，在没有达到违法犯罪标准时，我方缺乏维权的基石。

对这种参与舞弊的组织来说，"利益"往往最能够打动对方，所以要尽量促使双方达成一致协议。除了要清楚判断双方的底线之外，舞弊调查人员还要学会借助利益来进行博弈。

想要借助利益来进行博弈，舞弊调查人员首先必须掌握双方之间的合同内容，了解双方的权利义务关系，掌握违约条款。在全盘掌握双方之间的合同约定的前提下，通常可以通过以下几种途径进行博弈谈判。

（1）合同结算完结前终止支付/交付，掌握主动权。

如果双方之间的合同尚未结算完结，舞弊调查人员如果能够及时叫停相关的支付/交付行为，那么有可能在谈判中掌握主动权，当然还需要仔细分析双方的权利义务关系。**采用这种方式不是一定能够处于有利位置，也可能造成对己方不利的局面。**

（2）合同已结算完结，掌握索赔证据，把握主动权。

双方合同如果已经终结，那么需要回溯合同交付情况，掌握索赔的相关证据，审视合同相关条款，这样才能够在谈判中占据主动。

（3）"出库""留库"与"长期合作"。

对长期合作的供应商进行考察，控制其在供应商库内的存在权利，能够掌握一定的主动权。当然，长期合作的关系也可以作为谈判的筹码。**这些都要基于己方在双方合作关系中处于有利位置，才可以使用。**

（4）学会借助利益来打破舞弊链条。

学会借助既得利益来作为谈判筹码，打破外部舞弊组织与内部舞弊嫌疑人之间的舞弊链条，这样可能促使外部舞弊组织提供部分证据（详细内容见第九章）。

在与参与舞弊的商业合作伙伴谈判协商时，也可以寻找中间人进行协调。通常双方共同的商业合作伙伴、企业内部与商业合作伙伴长期合作的高层管理人员，都是比较合适的中间人。当然，内部的中间人可能也是舞弊嫌疑人。

在通过谈判协商无法挽损的情况下，通常可采用司法途径进行维权，如果涉及司法诉讼，那么需要找企业法务进行协作，这是法务的工作范畴，这里就不赘述了。在实际开展工作时，内外部处置往往要并行，不能割裂进行。舞弊调查人员在考虑处置方案时必须仔细斟酌二者之间的联系，最大限度地帮助企业挽回损失。

第四节
舞弊案件处置中的其他难点

一、如何撰写调查报告

撰写调查报告是舞弊调查人员的基本功，调查报告类似于申论，与审计报告既类似又有区别。调查报告更注重于简明扼要地阐述调查结论和调查经过，调查报告的主要服务对象是调查组织的主管上级和合议组织，调查报告也是案件存档的必要组件。

调查报告力求简明扼要、无歧义。调查报告必须可读性强。要撰写出好的调查报告，舞弊调查人员应做到以下几点。

（一）用总—分—总的方式撰写调查报告

重要段落之前必须有总结性标题，这样便于读者快速获得文章结论和关键点。总结性标题也有归纳之意，防止读者无法得出与笔者一致的结论。

（二）调查报告的开头应为简要的调查结论

调查报告的开头一般是为案件定性的调查结论，简要列出即可，但是调查结论一定要与调查报告中间的调查经过和证据推导过程对应。

（三）调查报告的结尾应为处理建议

调查报告的结尾一般是舞弊调查组织的处理建议，通常为了表明处理建议的正确性和合规性，需要引用处罚依据。

（四）模块化撰写调查报告

对于特别复杂的调查报告，可以采用模块化撰写的方式，将舞弊问题和调查经过一一对应即可。撰写时要特别注意逻辑关系和层次划分。

（五）简单罗列和有层次地列举

撰写调查报告时，通常要罗列一些事项，如存在哪些舞弊问题、得出哪些调查结论，在罗列事项时，要按照某种逻辑顺序进行。特别忌讳没有任何逻辑，直接罗列事项。

（六）增加图表和数据分析

为了简要说明相关证据，清晰进行逻辑推导，调查报告内可以适度增加图表。但是务必注意图表和文字之间的对应关系，保证数据真实可靠。

调查报告类似于申论，读者可以通过申论的写作练习提高调查报告的撰写水平。调查报告具有一定的格式，下面是调查报告的常见模板。除了下面给出的调查报告格式外，也有表格形式的调查报告、审计报告形式的调查报告，各种形式的报告内容差异不大，仅是表达形式不同，读者按照实际情况选择一种即可。

封面

【机密】

调 查 报 告

【请勿传阅】

编号：

调查项目名称：关于×××项目×××员工侵占××费用的调查报告

被调查部门：

调查时间：____年__月__日至____年__月__日

调查人员：

审核人：

审核通过时间：____年__月__日

正文

一、调查结论

20××年××月××日，调查人员×××接到关于×××项目×××员工侵占××费用的举报，经过前期准备，于20××年××月××日展开实地调查工作。

调查结论如下。

（1）20××年××月—××月，×××员工在×××项目工作期间，利用其职务便利，虚报××费用，并将款项占为己有，共计金额××××元人民币。

（2）20××年××月—××月，×××员工在×××项目工作期间，利用其职务便利，虚报××费用，并将款项占为己有，共计金额××××元人民币。

··········

×××员工侵占公司资金明细如表1所示。

表1 ×××员工侵占公司资金明细

项目	金额/元	案件性质
总计		

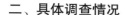

二、具体调查情况

（一）×××员工基本情况介绍

×××，男/女，××岁，身份证号为××××××××××××××××××，户籍所在地为×××××××××××××，20××年××月××日进入我司工作至今，现任××职务，劳动合同签约主体是×××××××××公司。

（二）调查经过

1.相关知情人的走访

调查人员经对相关知情人走访得知，……

2.项目费用审计

调查人员调取了×××员工经手项目相关费用审批记录，经审计发现如下问题。

（1）……

（2）……

3.相关费用核实经过

…………

（以上内容主要体现调查和收集证据的过程。）

三、针对上述所查证问题的处理建议

（1）根据公司《××制度》第××章第××节第××条第××项的规定，建议给予×××员工辞退处理。

（2）×××员工的行为已触犯《刑法》，建议将此案件移送公安机关继续侦办。

…………

四、问题原因及改善建议

（1）……

（2）……

×××××× （调查部门全称）

20××年××月××日

二、如何前往公安机关报案

在企业层面决定需要前往公安机关报案后，舞弊调查人员就要进行报案准备工作。在正式向公安机关报案前，要了解几个报案的先决条件。

（1）拟报案单位必须对案件具有管辖权。

（2）报案主体必须符合法律规定。

（3）案件事实必须符合《刑法》相关规定。

（4）案件证据必须符合立案标准。

※ 未完全列举。

首先，必须了解刑事管辖权。刑事管辖原则是指刑法对地和对人的效力，也就是解决一个国家的刑事管辖权的问题。这里的刑事管辖权是指一个国家根据主权原则所享有的、对在其主权范围内所发生的一切犯罪进行起诉、审判和处罚的权力。

📖 延伸阅读

管辖权相关规定

. . . .

属地管辖

《刑法》第六条第一款规定："凡在中华人民共和国领域内犯罪的，除法律有特别规定的以外，都适用本法。"

属人管辖

《刑法》第七条第一款规定："中华人民共和国公民在中华人民共和国领域外犯本法规定之罪的，适用本法，但是按本法规定的最高刑为三年以下有期徒刑的，可以不予追究。"第七条第二款规定："中华人民共和国国家工作人员和军人在中华人民共和国领域外犯本法规定之罪的，适用本法。"

保护管辖

《刑法》第八条规定："外国人在中华人民共和国领域外对中华人民共和国国家或者公民犯罪，而按本法规定的最低刑为三年以上有期徒刑的，可以适用本法，但是按照犯罪地的法律不受处罚的除外。"

普遍管辖

《刑法》第九条规定："对于中华人民共和国缔结或者参加的国际条约所规定的罪行，中华人民共和国在所承担条约义务的范围内行使刑事管辖权的，适用本法。"

不符合上述管辖范围的，无法在中国境内的公安机关进行报案。除此之外，在实践中还要特别关注各级公安机关的刑事案件受理范围。在《公安机关办理刑事案件程序规定》（2020 修正）第二章中有专门描述，这里只摘选常用的一部分。

第十五条 刑事案件由犯罪地的公安机关管辖。如果由犯罪嫌疑人居住地的公安机关管辖更为适宜的，可以由犯罪嫌疑人居住地的公安机关管辖。

法律、司法解释或者其他规范性文件对有关犯罪案件的管辖作出特别规定的，从其规定。

第十六条 犯罪地包括犯罪行为发生地和犯罪结果发生地。犯罪行为发生地，包括犯罪行为的实施地以及预备地、开始地、途经地、结束地等与犯罪行为有关的地点；犯罪行为有连续、持续或者继续状态的，犯罪行为连续、持续或者继续实施的地方都属于犯罪行为发生地。犯罪结果发生地，包括犯罪对象被侵害地、犯罪所得的实际取得地、藏匿地、转移地、使用地、销售地。

居住地包括户籍所在地、经常居住地。经常居住地是指公民离开户籍所在地最后连续居住一年以上的地方，但住院就医的除外。单位登记的住所地为其居住地。主要营业地或者主要办事机构所在地与登记的住所地不一致的，主要营业地或者主要办事机构所在地为其居住地。

第十七条 针对或者主要利用计算机网络实施的犯罪，用于实施犯罪行为的网络服务使用的服务器所在地，网络服务提供者所在地，被侵害的网络信息系统及其管理者所在地，以及犯罪过程中犯罪嫌疑人、被害人使用的网络信息系统所在地，被害人被侵害时所在地和被害人财产遭受损失地公安机关可以管辖。

※ 未完全列举。

在具体实践时，舞弊调查人员可以前往被侵害企业所在地的公安机关或案件发生地的公安机关报案，通常不会前往犯罪嫌疑人的户籍所在地报案（除非与案件发生地相同）。考虑到调查的便利性，通常最佳选择是前往案件发生地的公安机关报案。如果不清楚案件发生地归属哪个公安机关管辖，可以拨打110报警电话咨询。

有关报案主体的问题也非常重要。被侵害的主体才是有效的报案主体。对集团性企业来说，在同一案件中，涉案主体分属不同主体企业的，前往公安机关报案时，必须撰写情况说明，仔细阐明集团主体企业和涉案主体企业之间的关联关系。一般可以从企业法务那边获得股权划分、关联关系的相关说明文件，缺失这个文件是无法报案的。

如果存在内部涉案人员，那么需要证明该人与被侵害主体之间的权利义务关系。除了上文中所提及的企业之间的关联关系证明外，报案还需要内部涉案人员的劳动合同、工资发放记录和社保缴纳记录。这些都是为了证明涉案人员的内部员工身份。

对于案件事实是否符合《刑法》规定，已经掌握的证据是否符合公安机关的立案标准，这些需要舞弊调查人员仔细比对《刑法》中的相关规定和相应的司法解释，还需要和拟报案公安机关仔细沟通。一般按照公安机关要求，提供对应资料证据即可。通常，前往公安机关报案前，要仔细核对企业蒙受的损失，以及损失对应的相关证据资料，这部分证据资料如果不准备齐全，报案就非常困难。

前往公安机关报案前，要准备以下报案资料：

（1）报案材料文书；

（2）内部涉案员工劳动关系证明相关材料（劳动合同、工资发放记录和社保缴纳记录等）；

（3）涉案企业主体之间的关联关系情况说明；

（4）法定代表人身份证复印件、营业执照复印件和报案人授权委托书；

（5）案件相关证据资料。

这里提供一份报案材料模板和授权委托书模板，供读者参考。

报案材料

一、报案单位：××××××××，成立时间：××××××，注册地址：

×××××××，实际办公地址：×××××××，经营范围：×××××××

二、委托报案人：×××，男/女，工作单位及职务：×××××××××，身份证号码：××××××××××××××××，联系方式：×××××××××××

三、嫌疑人：×××，男/女，工作单位及职务：××××××××××，身份证号码：××××××××××××××××，联系方式：××××××××××

四、举报内容与报案依据

20××年××月，我公司调查人员在工作中发现：20××年××月—××月，××××有限公司与我公司×××（部门名称）经理×××在××项目洽谈过程中，×××经理向××××有限公司索要好处费人民币×××万元。20××年××月××日，××××有限公司与我公司签署了《××××××合作协议》。

×××经理的行为已涉嫌违反《刑法》第一百六十三条之规定，望××××××分局对×××经理受贿一案受理侦查。

五、相关报案材料

1. 案情基本材料

2. 相关证人材料

3. ×××经理的劳动合同

4. 案件相关审批记录等证据资料

5. 报案单位营业执照复印件、法定代表人身份证复印件、报案人授权委托书

6. ××××有限公司企业信息

…………

（报案单位名称及印章）

20××年××月××日

授权委托书

委托人：××××公司

地　址：

法定代表人：

受 托 人：

身份证号：

工作单位：

职 务：

兹委托人××××公司授权委托受托人全权代表委托人前往_____办

理_____事务。

委托权限：<u>协助公安机关侦办案件的一切相关事宜。</u>

委托期限：<u>20××</u>年<u>××</u>月<u>××</u>日至<u>20××</u>年<u>××</u>月<u>××</u>日。

特此委托！

委托人：××××公司

（盖章）

<u>20××</u>年<u>××</u>月<u>××</u>日

三、如何开展处罚工作

当舞弊调查工作顺利开展后，对舞弊人员和舞弊组织进行处罚就成为舞弊案件闭环处置的必要环节。处罚的必要性和重要性自不待言，这里仅就如何开展处罚工作进行阐述。

（一）合议

从处罚体系的发展规律可见，从舞弊调查组织自行处罚，发展到多部门合议是必然趋势。这主要是由于随着舞弊调查的深入，企业内部的深层舞弊行为不断被揭露，仅由舞弊调查组织自行做出处罚决策，不利于企业内部公平公正价值观的体现，也不利于舞弊风险的控制。

舞弊调查组织在对高级管理者和深度合作的商业合作伙伴进行处罚时，自行决策，难免失之偏颇，甚至可能对企业造成严重的不良影响。舞弊调查组织此时可能

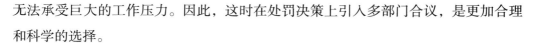

无法承受巨大的工作压力。因此，这时在处罚决策上引入多部门合议，是更加合理和科学的选择。

合议组织的成立，实际上是个非常需要管理智慧的技术活。一般常见的合议组织应由单数委员组成，分别代表不同的部门行使管理职能。由于与员工处罚、后续的法律诉讼、企业内控闭环都可能有一定的关系，因此人力资源部门人员、法务部门人员都是合议组织的必要组成成员。舞弊调查组织的监督部门（通常为审计部）人员，也是合议组织的必要组成成员。

常见的小型合议组织一般由人力资源部、法务部、审计部/内控部派遣人员组成。舞弊调查组织和被处罚对象相关部门分别作为主诉人和辩护方存在。

扩大的合议组织一般由人力资源部、法务部、审计部/内控部、运营部门、财务部门派遣人员组成，舞弊调查组织和被处罚对象相关部门仍然分别作为主诉人和辩护方存在。

如果被处罚人员所在部门代表是合议组织成员，一般会回避，由总经理或董事会指定代替的部门。

特别关注事项

在涉及企业高层人员和重要的商业合作伙伴时，通常会在企业重大事项的决策会议上进行决策，而不会简单由合议组织进行决策。

进行合议时，舞弊调查组织应完整陈述调查经过，出示相关证据，被处罚对象及其辩护方可以陈述申诉意见，然后由合议组织成员投票进行决策。通常合议组织可以分两个阶段进行决策：一是对调查结论进行决策，二是对具体的处罚措施进行决策。一般投票遵循少数服从多数的原则。

（二）申诉

申诉是舞弊处罚发展到一定阶段的必然产物，由于舞弊行为日益复杂，舞弊的定性变得愈加困难。员工在逐步熟悉企业内部处罚规则后，个人权益意识会逐步加深，申诉因而成了必然诉求。当然，涉及外部商业合作伙伴时，会牵扯很多利益，合作业伙伴也会有很强的申诉诉求。申诉通常有两个组成部分：一是对案件的调查结论进行申诉，二是对后续的处罚进行申诉。申诉和合议相辅相成，每次申诉之后都应执行合议流程。一般申诉周期不宜过长（一般为 7 个工作日），过长不利于舞弊调查闭环处置。为了快速处理问题，通常申诉机会仅有一次。一次申诉就包括了对案件调查结论的申诉，以及后续对处罚的申诉。

为了简化流程，一般情况下，建议在调查结束，提起合议之前，将调查结论和拟处罚的内容、处罚理由以书面形式告知被处罚对象，由被处罚对象提出申诉。申诉内容发给舞弊调查组织和合议组织，舞弊调查组织认为调查存在问题的，可以撤回合议申请，补充调查。补充调查后，发现新舞弊事项，提起新的处罚时，一般准许拟处罚对象就新的舞弊事项和处罚进行申诉。申诉和合议的流程见图 5.4。

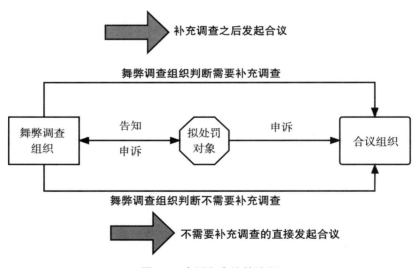

图 5.4 申诉和合议的流程

申诉与合议也可以分成两次进行：第一次对案件调查结论进行申诉与合议，第二次对处罚决定进行申诉与合议。两次合议之后的结论清晰，但是历时很长，现在很少有企业使用。

四、宽大处理与公信力控制

虽然已经确定出现了严重的舞弊行为，但是在进行处罚时仍会有很多异议，一些人可能认为处罚会给企业带来更大的损失。有人在合议时以类似的理由，希望合议组织合议时综合考虑宽大处理。这对舞弊调查组织来说是一项巨大的挑战。舞弊调查组织面临两个危机：一是信任危机（调查结果是否正确），二是公信力危机（从轻处罚影响反舞弊系统正义性）。舞弊调查组织很难两全。

这时应进行问题拆解。

首先对于对调查结论的质疑，舞弊调查组织应据理力争并出示对应证据，必要时复盘调查，力求调查结论不被质疑。当然，如果之前的调查确实存在问题，舞弊调查组织也要敢于纠正、善于纠正，保证舞弊调查工作的合规性、正义性。调查结论如果被质疑成功，那么后续所有的调查工作都会受到影响。

对于是否从轻处罚的问题，笔者建议一定要处罚，但是可以适度从轻。舞弊调查组织要向合议组织明示从轻处罚的后续风险，舞弊调查组织不应也无法承担违规从轻处罚的负面影响。

从轻处罚不意味着放手不管，首先需要响应利益受损人员（如有）的诉求，否则会使矛盾扩大；其次需解决企业的损失问题，否则会形成负面效应；最后从轻处罚一定需要有持续影响，需要被处罚对象的上级管理者做出对应承诺，否则后续无法有效约束舞弊人员。

五、群体性事件处置

在舞弊案件后续处置时，经常会由于涉案人员多、牵扯利益大、影响面广，引发群体性事件。处理不好，便有可能引发进一步的舆情危机。舞弊调查人员应该掌握群体性事件的处置方法。参与群体性事件的人，可能是利益受损的善意第三人，也可能是可能受到处罚的舞弊参与人员。群体性事件有着特有的规律和处置方法，下面的内容不仅适用于舞弊案件后续处置，还适用于各种类型的群体性事件处置。

（一）群体性事件处置原则

群体性事件处置的主要原则是不激化矛盾，分化处理。具体实施时，应该遵循以下工作原则。

（1）预防与应急相结合，防患于未然。

（2）快速处置，科学应对，与相关部门沟通，一旦出现群体性事件，应及时应对，减小负面影响。

（3）宜散不宜聚、宜解不宜结、宜快不宜慢、宜缓不宜激，讲究策略，注意方式。

（4）区别对待，分化瓦解，堵不如疏。

（5）保护自己，搜集证据，依法处置，充分借助政府力量，维护企业权益。

（6）分级控制，及时向政府相关部门反映。

（7）舆论导向，媒体控制。

（8）多部门分工，协调统一，以企业利益为重。

（二）群体性事件处置禁止事项

处置群体性事件时，要注意以下禁止事项。

（1）激化矛盾，发生正面冲突（语言、肢体）。

（2）轻易许诺。

（3）合理要求轻易兑现，无理要求无原则兑现。

（4）与地方政府管理机构等发生冲突。

（5）与围观人群、媒体等发生冲突。

（三）预警

群体性事件处置，首要解决的是预警问题，要尽可能了解群体性事件的发生原因、群体性事件的内部组织情况，做到知己知彼。

（1）建立 QQ、微信小号，寻找可能引起群体性事件的相关 QQ 群、微信群，并加入。

（2）专人实时监控，搜集发起人的言论和账号、聚集时间、人数、维权方式等信息。搜集恶意维权证据，对聊天记录进行截图保存，以便将来工作中使用。

（3）针对维权人群主要诉求，排查企业内部流程和业务内容，找出诉求漏洞，咨询法务可能的法律风险，进行风险预防。

（4）建立完善的现场情况值班汇报制度，确定汇报路线和层级，视群体性事件规模，上报地方政府主管机构（通常是公安机关）。

（5）现场处置时，事先准备好相应的摄像和录音器材、隔离带、喊话器（高音喇叭）等设备。协调物业保卫部门，为可能的群体性事件做好秩序维护、调查取证、人员疏导等工作。勘察疏散通道、维权人员等待区域、现场疏导路线等。

发生群体性事件后，主责单位群体性事件处置组值班人员，应当按照分级管理、逐级上报原则，按照既定汇报路线和层级，及时向企业上级汇报，不得迟报、谎报、瞒报和漏报，不得随意扩散、夸大事实给企业造成不良影响。报告内容要包括事件的发生时间、发生地点、参与人数、性质、现场状况、影响范围、发展趋势和已经采取的措施等。在应急处置过程中，要及时反馈现场情况。主责单位负责人接报告后，应问清重要信息，及时向企业高层反映，并按照企业高层处置要求安排现场工作，传达给现场工作人员，启动应急预案，按照既定方案处置。

（四）现场处置

由企业行政通知物业，让其安排保安维护现场秩序，尽量将诉求人群与围观人群隔开。企业行政负责外围现场秩序的维护，不用进行现场答疑，不能与诉求人群发生语言、肢体冲突，安排正常来往企业人员从疏散通道进出。在群体性事件诉求人员聚集的公共区域设置录音录像设备。

群体性事件处置主责单位出 1~2 名工作人员，其中必须有带队领导一名，对现场诉求人群进行疏导。

📖 **延伸阅读**

群体性事件现场疏导策略
∙∙

处置负责人表明自己身份，告知聚集人群自己拥有企业授权，代表企业与他们进行交涉。

表明为了解决问题，需要逐一了解大家的诉求，因此需要大家配合逐一进行沟通。

对于拒绝沟通的，表示遗憾，因为不了解大家的诉求，所以无法解决问题。

现场很有可能出现有人起哄、有人说风凉话、有人挑拨等激化矛盾的情况。在这种情况下要保持冷静，不与人群发生语言对抗，更不要出现肢体冲突，可以冷处理，也就是不出言应对，等人群平静了再回复他们的问题。

如果矛盾激化，有封门堵路、闯办公区域等现象，要以维护员工人身安全为主要目的，可以撤回现场维护秩序和解决问题的工作人员，避免发生肢体冲突，第一时间摄像取证，迅速通知属地公安机关。一般在出现封门堵路等过激行为时就应通知属地公安机关，还要协调媒体进行控制。

如果人群配合，尽量将人群疏导到诉求人员等待区域等待。诉求人员等待区域远离公司办公区域，企业外围围观人员很难接触到，媒体很难拍摄采访，等待区域应设置录音录像设备。绝不能在企业办公区域设立等待区域，如果人群已经在企业办公区聚集，要尽量将其疏导到其他区域。

如果人群同意协商解决，可以采取发号，依次解决的方式。面对有组织的群体性事件，应要求选出谈判代表，与谈判代表进行谈判即可。一般同时进入谈判区域的维权人员不超过 5 个。如果人群拒绝选出代表，可以明确表示，公司无法一下接待所有维权人员，为了解决问题，只能逐个访谈或是选出代表。

※ 未完全列举，请结合实际开展工作。

（五）群体性事件后续处置

群体性事件的发生一定存在诱因。所有参与群体性事件的人员通常都有明确的诉求，在现场处置结束后，如果这些诉求没有解决，仍然会引发下一次群体性事件。对于合理诉求，应予以适度解决；对于不合理且无法解决的诉求，应告知解决途径，并做好后续的媒体控制。一般到达现场的政府人员，也会明确告知参与群体性事件的人员合法的维权途径。群体性事件不是一朝一夕就可以解决的，要做好长期应对的准备。

第五节
案例与实操分析

我们通过一个案例来详细了解如何开展舞弊案件闭环处置。

案例

×××× 年 ×× 月 ×× 日，A 公司（非国企）发现长期供应商 B 与生产部的高管葛某合谋，供应商 B 向葛某行贿，双方内外勾结通过降低供货标准、以次充好等多种形式获取不正当利益。葛某被调查后，主动承认了上述事实，并愿意对公司损失做出部分退赔。但是供应商 B 否认向葛某行贿，拒绝对 A 公司损失进行退赔，并要求公司支付尚未付款的 1000 余万元货款。（本案例已经脱密处理。）

这属于采购供应链中常见的内外勾结型舞弊，A 公司的高管葛某属于受贿方，供应商 B 为行贿方。当调查结束，葛某主动承认受贿事实时，舞弊调查组织就面临后续如何闭环处置的问题。

舞弊调查组织应该首先分析案情及后续维权需要掌握的证据。

第一步，分析本案件中可能涉嫌的两项刑事犯罪。

1. 非国家工作人员受贿罪

非国家工作人员受贿罪指公司、企业或者其他单位的工作人员利用职务上的便利，索取他人财物或者非法收受他人财物，为他人谋取利益，数额较大的行为。

舞弊存在条件：

（1）葛某是 A 公司的员工；

（2）葛某违规给供应商 B 提供了便利；

（3）供应商 B 因这些便利谋取了不正当利益；

（4）存在行贿、受贿。

2. 生产、销售伪劣商品罪

生产、销售伪劣商品罪指以非法牟利为目的，在从事工商业活动中，违反国家产品质量管理法规，生产、销售伪劣商品，严重损害用户和消费者利益，危害社会主义市场经济秩序，应受到刑法处罚的犯罪行为。

舞弊存在条件：

（1）供应商 B 给 A 公司按照合同送货；

（2）供应商 B 提供的产品违反国家质量管理法规；

（3）对 A 公司造成损失。

需要特别关注 A 公司的损失如何计算，以及假冒伪劣产品如何鉴定。A 公司的损失应该是以次充好，给 A 公司带来的直接经济损失，以及降低供货标准后低供货标准的产品和原供货标准产品之间的采购成本差异。

假冒伪劣产品如果涉及国标产品的，可以到国家质量监督管理部门进行鉴定；不是国标产品的，可以按照当时合同内约定的标准，找具有公信力的鉴定机构对现有产品进行鉴定，将结果与合同内约定的标准比对即可。

第二步，梳理最终处置前，需要掌握的关键证据。

（1）行贿、受贿的相关证据。

（2）以次充好、降低供货标准的相关证据。

（3）相关采购合同和供货证据。

（4）损失计算的相关证据。

这里需要读者着重注意行贿、受贿的相关证据。在公安机关介入前，行贿、受贿的相关证据主要由行贿方、受贿方提供。在本案例中，葛某已经承认了受贿的事实，舞弊调查人员应当第一时间说服其提供受贿证据，包括财物来往记录、相关的聊天记录、通话录音等。就算对方不愿直接提供，也应尽可能详细了解行贿、受贿的方法和途径，便于公安机关介入后开展调查工作。

梳理以次充好、降低供货标准的相关证据时，除了留存对应的鉴定材料外，还应尽可能留存原始的供货产品，以便后续司法机关自行鉴定。另外，所有的供货单据、签收和验收的单据都是必需的证据资料，签收人的证言同样是非常关键的证据（当然，如果签收、验收时，相关人员都没有发现质量问题，舞弊调查人员自然非常清楚其涉嫌协助掩盖质量问题）。

掌握关键证据后，就可以进入案件的后续处置决策阶段。决策的第一个关键问题就是是否报案。

1. 报案的可能结果

（1）在证据充分的情况下，涉案人员都可能被依法处置，这对舞弊分子有极大的震慑作用。

（2）刑事案件调查周期较长，企业追损周期长，违规人员处置时间长。

（3）如果涉案人员定罪为非国家工作人员受贿罪，那么受贿款项无法追回（上缴国库）。

2. 不报案的可能结果

（1）可以与舞弊人员谈判，快速达到人员处置并追损的目的。

（2）对舞弊分子震慑效果差。

（3）无法与舞弊人员协商一致的情况下，很可能影响后续刑事案件办理。

需要注意的是，如果葛某舞弊行为被认定为非国家工作人员受贿罪，根据相关法律规定，受贿款会收归国库，这部分就无法追偿。另外，刑事案件调查时间长，不确定因素多，舞弊人员可以趁机转移资产，导致后续追偿困难。当然，如果先行协商，由于调查行为直接暴露，可能会严重影响后续公安机关的调查工作。

这里不阐述如何进行报案决策的问题，是否报案主要还是要看各企业自身的选择。通常涉及金额较大的，大多数企业会优先选择谈判协商。这里仅讨论除了报案以外的闭环处置问题。除了司法报案外，后续处置还包括以下工作。

1. 如何追偿

（1）与收受贿赂人员协商退赔事宜。

（2）与供应商 B 协商退赔事宜。

（3）暂缓支付剩余货款。

（4）如有必要，可以向法院提起诉讼。

2. 管理闭环

（1）处罚内部违规人员。

（2）内部岗位调整。

（3）填补制度漏洞。

（4）对企业内相关岗位的人员进行排查。

（5）设定相应的风控和内控措施。

如何对供应商 B 进行处置是难点和重点。在本案例中，对供应商 B 的处置涉及以下事项。

1. 搜集相关证据

（1）搜集送货、收货相关证据。

（2）锁定货品，进行抽检和质量鉴定。

（3）搜集非国家工作人员受贿相关证据。

（4）核算 A 公司损失并搜集对应证据。

这一步主要是为了搜集谈判的筹码，为后续的谈判工作做好充分的准备。

2. 暂缓支付后续款项

（1）紧急暂缓支付后续款项。

（2）做好突发事件的应对措施。

（3）告知供应商 B 相关事项及做好诉讼准备。

这一步的主要作用是应急减损，避免进一步损失，这当然会引起供应商 B 的强烈反应，通常这一步会在已经准备了替代供应商后执行。

3. 准备替代供应商

（1）寻找替代供应商。

（2）制定紧急供货方案。

为了进一步掌握与供应商 B 谈判的主动权，最大限度地减少对业务的影响，通常会在暂缓支付，最终洽商前做好应对准备。这部分工作通常在暂缓支付工作前进行，也可以根据实际情况来决定最终执行的先后顺序。

4. 与供应商 B 的洽商

（1）洽商质量问题的赔偿。

（2）洽商舞弊问题的赔偿。

（3）洽商后续合作问题。

现场与供应商 B 的代表进行深入的沟通，尽量达成一致协议。可以采取出示相关证据、引用合同条款、揭示违法后果等多种形式，促使对方与我方达成一致。

5. 司法诉讼相关

（1）准备诉讼相关证据资料。

（2）积极应诉。

（3）裁决与庭外和解。

如果无法和供应商 B 达成一致协议，那么需要公司法务介入，通过起诉解决争议。这些主要都是为了挽损。

6. 供应商库的管理

（1）对供应商库管理进行闭环控制。

（2）新供应商引进及不良供应商更换。

（3）与供应商签订廉洁协议等，完善合规控制。

这部分内容主要属于企业自身采购风控的闭环工作。已经出现的供应商舞弊问题，揭示了采购漏洞，企业要充分利用调查成果，对采购进行闭环控制。

与本案例类似的舞弊情形其实在实践中不少。供应商与内部员工勾结的舞弊行为近些年呈高发趋势。这类舞弊行为往往给企业造成很大的损失，而且由于利益关系盘根错节，很多供应商与企业深度绑定，导致后续闭环处置困难。舞弊调查人员首先应该掌握关键证据，其次应该督促相关部门寻找替代供应商，做好紧急供货的准备，防止供应中断。这样企业才能在后续的闭环处置中，尽可能掌握主动权。

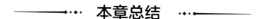

本章总结

　　本章阐述了舞弊案件后续处置的主要环节。对舞弊调查人员来说，舞弊案件的后续处置非常关键，这对企业内部反舞弊工作发展有重大影响。舞弊调查人员在这个阶段，常处于弱势地位，需要具备超强的沟通能力，才能协调多个部门，尽可能达成舞弊调查闭环处置的应有目标。

　　很多时候，舞弊调查人员只能折中处置，放弃部分处罚权力，才能获得更多的支持。但是放弃处罚，又可能导致反舞弊工作最终走向无果而终。舞弊调查人员的底线是案件调查结论不能存在问题，不能被质疑成功。

　　处罚是一种管理手段，不处罚也是一种管理手段，舞弊案件后续处置的核心不在于处罚，而在于控制。

第**六**章

投诉举报

很长时间以来，大众对投诉举报体系有着这样几种常见的错误认知。

（1）投诉举报体系就是反舞弊体系，开展反舞弊工作就是做好投诉举报工作。

（2）投诉举报是舞弊调查的主要线索来源，没有线索就是因为没有做好投诉举报工作的宣传。

（3）投诉举报是党政机关、国企才有的，私企没有必要学这一套。

（4）投诉举报是管理层排除异己的工具，投诉举报调查做做样子就好，没有必要太认真。

……………

上述错误认知都从某些层面反映了投诉举报体系的一些特征，也反映出大多数企业反舞弊体系建设的现状。在美国注册舞弊审查师协会（ACFE）发布的《2020年舞弊防范与调查报告–亚太版》中展示了职业舞弊在亚太地区常见的发现方式，如图 6.1 所示。

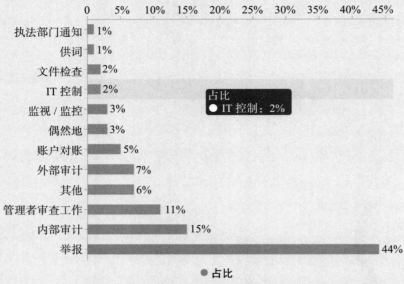

图 6.1 亚太地区职业舞弊发现方式占比

从该数据可以得出这样一个结论,投诉举报目前仍是企业内部舞弊调查线索的主要来源。对大多数企业来说,其反舞弊体系大都立足于投诉举报体系。这也是很多舞弊调查人员从 0 到 1 建立反舞弊体系，选择首先建立投诉举报系统的主要原因。

从企业生命周期和企业反舞弊体系发展两方面来看，投诉举报是反舞弊体系内非常重要又不可缺少的一环，但是反舞弊体系不仅包括投诉举报体系，投诉举报也不应成为企业内部舞弊线索的唯一来源。

如果投诉举报已经成为舞弊线索的主要来源，其实说明了这样一种辩证与统一的关系。

（1）投诉举报渠道畅通，反舞弊工作运行顺畅，舞弊调查组织公信力好，企业员工愿意主动通过投诉举报系统反馈企业舞弊问题。

（2）反舞弊工作缺乏方法，舞弊调查组织自主调查能力缺失，不能自主发现企业内部的舞弊问题。

投诉举报体系在运作过程中又存在着很多隐性问题和风险，我们经常可以观测到以下风险。

（1）投诉举报泄密，投诉人和举报人被打击报复。

（2）投诉举报事实未查清，没有反馈，舞弊调查组织逐步失信。

（3）投诉举报沦为管理层排除异己的工具，企业内部风声鹤唳，员工无法正常工作。

…………

本章围绕上述风险，来揭示投诉举报工作中的关键问题，提供给读者一些可用的解决方案和处置办法。

第一节
投诉举报体系简析

一、投诉和举报的异同

"投诉"主要是指权益被侵害者本人对涉案组织侵犯其合法权益的违法犯罪事实，有权向有关国家机关主张自身权利。投诉人，即为权益被侵害者本人。企业里的"投诉"一般指被侵害者本人向相关企业管理部门主张自身权利。

"举报"是指向有关单位检举报告。

"举报"在国家司法层面主要是指公民或者单位依法行使其民主权利，向司法机关或者其他有关国家机关和组织检举、控告违纪、违法或犯罪的行为。"举报"在企业管理层面主要是指员工和单位行使其权利，向相关企业管理部门检举报告的行为。

单纯从汉语的意思可以看出："投诉"是权益被侵害者的一种行为，主要反馈的是其权益被侵害的事实；"举报"并没有对权益是否受到侵害有明确要求。根据投诉与举报的区别，企业受理投诉与举报的部门的实际处置工作，是否存在明显的差异？答案是存在一定差异，但是并不明显。

投诉行为存在权益被损害方，权益被损害方的维权需求相对强烈，因此一般都要迅速解决，以免矛盾升级。投诉案件的调查对时效性的要求更高。虽然举报人并不一定是利益受损方，但是也不意味着投诉案件可以长时间放任不处理。投诉和举报其实都代表了一种危机，可能是企业管理上出现了漏洞，也可能是企业已经遭受相应损失。投诉和举报都属于必须严肃对待，认真调查，坚持闭环处置的危机事项。

二、投诉举报的几个常见规律

（一）投诉举报的人

从过往实践出发，企业里投诉举报的人大多是受到不公正待遇，或是利益受到严重侵害的人。投诉举报的人通常包括以下几类。

（1）不服管，管理层的眼中钉。

（2）不合群，被团队的其他成员排挤的人。

（3）业绩突出，但觉得没有受到公正评价的人。

（4）由于某种原因被企业辞退，无处申诉的人。

（5）原来属于舞弊利益共同体，由于某种原因，觉得利益受损，想要打击报复的人。

（6）看到别人获利眼红，出于嫉妒心理想要打击报复的人。

（7）为了企业的正常运作，维护公平和正义的人。

大多数投诉举报的人，在投诉举报时，都有一定的报复和维权的需求。出于这种需求，投诉举报的人对自己投诉举报事项的处理时效是有一定要求的。一般来说，一个月内没有收到回应，投诉举报人就可能进一步反馈。

因此在设定投诉举报的受理流程时，对于处理投诉举报，一定要密切关注投诉举报的处理时效，**通常应在收到投诉举报的 48 小时内与投诉举报人进行联系，在 1 个月内将投诉举报事项调查完毕并反馈。一般来说，对投诉举报的处置时限不超过 2 个月。**

（二）投诉举报的发生规律

对一个从来没有设立过投诉举报系统的企业来说，设立完投诉举报系统以后，一般会有这样一个规律。

（1）在投诉举报系统设立初期，随着不断的宣传和处置，单位周期内（通常为月度）投诉举报数量会呈现逐步上升的趋势。

（2）在投诉举报数量逐渐上升的过程中，如果处理应对得当，投诉举报数量会持续上升一段时间，达到峰值；如果处理不当，那么会迅速下降。

（3）投诉举报系统运作正常，投诉举报数量达到峰值后，会缓步回落，然后逐步稳定到某个值；投诉举报系统运作不正常（处理不当），投诉举报数量会迅速下降，可能降到某个很低的数值，或是接近于零。

（4）投诉举报系统月度收到的投诉举报数量，还受一些外部因素的影响。例如，因大规模裁员，员工矛盾激化，投诉举报数量可能会大幅上升；某一重点案件突破后，宣传得当，投诉举报数量也可能会出现一定上升。

（5）员工矛盾的激化程度，与单位时间内投诉举报的数量呈正向关系。

（6）宣教确实对投诉举报的渠道拓展有正向推动作用，但是宣教的有效性是以投诉举报工作的正常开展为基础的。如果不能妥善处理投诉举报，那么宣教也就会逐步失去作用，这主要是由于反舞弊组织公信力的下降。

企业内月度投诉举报发生曲线如图 6.2 所示。

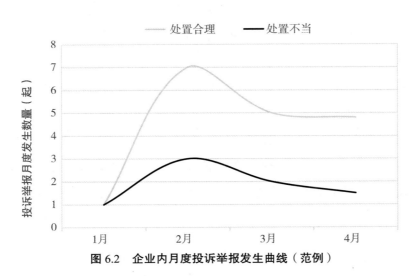

图 6.2　企业内月度投诉举报发生曲线（范例）

（三）投诉举报的其他规律

笔者处理过非常多的投诉举报案件，通过对投诉举报的事项进行统计和分析，总结出了一些与投诉举报内容相关的有趣的现象。

（1）投诉举报大多出于私利，主要是个人权益受到了侵害。

（2）投诉举报的内部员工通常级别较低，管理层级越高的员工越少进行投诉举报，这可能是以下几个因素导致的。

① 管理层级越高，越不容易受到不公正待遇。

② 管理层级越高，反馈问题的途径越多（处理问题的方法越多）。

③ 管理层级越高，越容易达成共识，矛盾越小。管理层级越高，越关注外部评价，不会轻易投诉举报。

（3）投诉举报的员工级别低，就导致其反馈的问题往往不是重大舞弊行为，但是深入调查、拓展线索时，又往往能够发现背后隐藏着其他舞弊行为。

（4）重大舞弊线索几乎都是由参与舞弊的人员举报出来的，其主要原因是利益分配不均。

（5）投诉举报的外部人员基本都是企业（甲方）的合作方（乙方）的人员，投诉举报的初衷都是维权。其投诉举报的缘由，可能是甲方侵犯了乙方利益，还有可能是乙方侵犯了自己员工的利益。

（6）投诉举报信息里经常存在一些不正当男女关系的内容，这些通常不是企业反舞弊工作的控制要点（这部分主要是社会道德问题），但是这些不正当男女关系问题的背后往往存在严重舞弊行为，**因此企业反舞弊组织往往特别关注企业内的相关信息。**

三、投诉举报常见规律的实际运用

前文专门列出了一些与投诉举报相关的规律，这些规律没有特别精确的数据支持，更类似于一些趋势性的分析，是笔者过去在从事企业反舞弊工作过程中逐步建立起的对投诉举报工作的一些认知。这些认知逐步影响了笔者一些工作的开展，成了笔者从事反舞弊工作的一些底层逻辑。这些规律实际上对反舞弊工作的开展有以下几个指导意义。

（1）投诉举报工作是一种危机处置工作，处置的水平对企业反舞弊组织的公信力有很大的影响。

投诉举报事件的发生本身就代表着一种管理危机，对投诉举报的调查、闭环处置都需要审慎进行。处置不当，会导致反舞弊组织公信力下降，进而引发企业整体公信力下降；处置得当，会使反舞弊组织公信力增强，同时推动企业内部环境良性发展。

投诉举报案件发生频次可以作为反舞弊系统工作评估标识之一，一旦出现较大幅度变化，就需要认真评估分析其成因。

投诉举报数量大幅上升，要认真分析是由于内部舞弊的加剧，还是由于员工内部矛盾激化；是企业外部合作出现问题，还是反舞弊组织自身存在问题。

同样，当投诉举报质量不高，或是很少收到投诉举报，也要反思是由于反舞弊工作获得了一定成果，企业内舞弊行为有所减少；还是反舞弊工作开展不良，反舞弊组织失信，反舞弊工作已经处于崩溃的边缘。

分辨起来还是相对容易的：**反舞弊组织失信，反舞弊工作开展不良，投诉举报数量会在一个极低的位置处于平衡；反舞弊工作开展顺利，投诉举报数量会在一个居中的位置趋于稳定，并且经常波动。**

（2）投诉举报后面往往隐藏着其他舞弊行为，投诉举报是重要的舞弊标识之一。

投诉举报多出于利益受损。举报人进行投诉举报，大多是因为忍无可忍，没有其他出路。投诉举报其实已经代表举报人所处的与企业相关联事项里，出现了严重的无法调和的矛盾。投诉举报的出现，就代表该关联事项里可能存在舞弊。

举报人可能受限于自身所处位置、所获得的信息，举报内容并不涉及深层舞弊。但是，如果对举报内容里的相关事项进行深入审计和调查，那么经常可以发现举报人没有察觉的或是无法知悉的更多的舞弊事项。**因此一般出现投诉举报的时候，建议舞弊调查组织对相关事项开展全面深入审计和调查，而不仅限于对投诉举报事项进行孤立调查。**

（3）投诉举报的宣教工作必须触达多个层级，内部要触达组织末端，外部要触

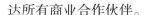

达所有商业合作伙伴。

过往的企业内部反舞弊宣传，主要集中在管理层，对于企业组织末端，往往触及力度不够，但是很多大型企业，由于其组织形态的分散化，舞弊往往根植于组织末端。单纯依赖反舞弊部门的日常突击检查，覆盖到多个分散组织，显然整体投资回报率不高。想要开拓投诉举报渠道，让投诉举报真正发挥作用，就需要将投诉举报的宣教工作认真拓展到组织的末端。常见的拓展方式有进行线上直播、发送全员邮件、张贴廉政宣传海报等。

近些年各个企业都更注重对非国家工作人员受贿（非公型受贿）相关舞弊的调查工作。非公型受贿作为企业舞弊的主要类型之一，对企业正常运行有巨大的破坏作用。而非公型受贿的行贿人，一般都是企业的商业合作伙伴，所以想要收到行贿方的投诉举报，就必须拓展投诉举报渠道至企业所有商业合作伙伴。一般常见的拓展方式包括：签订廉洁责任书，发放廉洁通告，进行月度季度廉洁拜访，对商业合作伙伴进行廉洁考核等。

问题：企业内投诉举报很少，偶尔有投诉举报也是鸡毛蒜皮的小事，如何拓展内部投诉举报渠道，获得更有价值的信息？

第一，检查企业内部的投诉举报渠道是否畅通，通常的检查办法有：抽查一线员工是否知悉投诉举报途径，检查下属分支机构是否在明显位置张贴廉洁相关海报（内有投诉举报途径），检查投诉举报的登记、受理情况等。

第二，检视之前投诉举报的处置流程是否正常，是否调查清楚投诉举报的内容，是否向投诉举报人做出了后续反馈。投诉举报经正常处置才能保证投诉举报渠道正向有效。

第三，从小事出发，只要是涉及违规违纪问题的，无论大小，均严肃对待，谨慎处置，不涉及违规违纪问题的，也要给予反馈，告知不受理的原因。

第四，加强宣传，保持持续性的、系统性的、周期性的宣传。宣传的内容除了投诉举报渠道外，还有以前处置过的违规违纪案件，注意宣传反舞弊组织，给员工正向的反馈。

第五，在不断开展投诉举报的受理、调查、处置过程中，反舞弊组织会逐步建立起一定的威信，而且受理、调查、处置的过程，就是对投诉举报工作最好的宣传。也可以在这个过程中，不断挖掘线索，鼓励了解情况的员工主动投诉举报。

※ 未完全列举。

问题：如何开拓对商业合作伙伴的投诉举报渠道？

第一，常见的开拓途径是在与商业合作伙伴的合同中，增加廉洁责任书的内容，这部分内容包含一些廉洁的约定，还包含投诉举报的反馈途径。

第二，可以在商业合作伙伴评审（供应商评审）工作中，把其是否知悉投诉举报渠道作为评审要素，在月度、季度开展抽查工作。

第三，可以在与商业合作伙伴开展商务洽谈工作时，对投诉举报事项进行宣传。比如在供应商现场考察过程中、投标现场、合同洽谈过程中进行宣传。

第四，可以关注合作过，然后突然不合作的商业合作伙伴，对其进行回访，或是关注参与招标，但是没有中标的商业合作伙伴，其很可能有情况可以反馈。

※ 未完全列举。

第二节
投诉举报系统日常运作流程

一、投诉举报的合规要求

外部监管对企业合规工作中反舞弊工作的要求非常具体细致，对反舞弊工作的开展有很强的指导作用。

外部监管在合规方面对企业反舞弊工作的要求主要体现在企业内部的投诉举报系统这个方面。一般常见的有以下几个考核维度。

（一）是否有完善的投诉举报途径

主要考察是否有完善的投诉举报途径，该途径通过什么形式宣传，是否触及企业内的所有员工，是否触及企业的所有商业合作伙伴。企业通常需要设立专门的举报电话、举报邮箱，外部监管机构一般会对举报电话、举报邮箱的通畅和值守进行抽查。

通常要求设立电话举报通道（专用，不可与其他部门共用），固定电话或手机均可，要专人值守登记（出于保密的需要），如果有条件，可以设立可录音的固定电话。

除投诉举报电话外，还需要设立专用的投诉举报邮箱，并要求专人值守。

除此之外，还可以通过调查问卷、微博、微信公众号等反馈。

（二）是否有独立的管理投诉举报的组织

必须设立独立的专职的管理投诉举报的组织，通常该组织成员不能是其他部门成员。准许在一级部门下设立二级机构专门负责投诉举报的受理、调查、后续处置工作。

（三）是否下发了专门的投诉举报、申诉等相关制度

（1）投诉举报的途径、受理、处置、申诉等相关流程制度。

（2）相关的投诉举报人保护制度和回避制度。

（3）从事投诉举报相关工作的调查组织的内部工作制度流程。

（4）员工奖惩和行为准则相关制度。

（5）反舞弊整体工作相关制度。

※ 未完全列举。

（四）是否对全员进行培训

通常要求将有关内容列入员工手册，或是发布给全员，发布后应进行抽查考试或全员考试，并对培训过程、考试结果进行留档。

（五）日常是否对投诉举报处理工作进行检查

收到投诉举报后，对投诉举报事项进行登记留档，对调查进度、处置情况进行实时跟踪，处置完毕后，生成对应报告，对过程文件专门建档保存。定期对投诉举报事项进行抽检，以保证投诉举报系统高效运行。

二、投诉举报工作体系的建立

投诉举报工作体系的建立，其实是围绕投诉举报日常管理处置展开的，主要包括投诉举报的受理登记、案件调查、闭环处置三个方面的工作。

外部监管机构对投诉举报工作系统的合规要求，可以作为建立投诉举报工作体系的参考，其中绝大多数内容具有很强的普适性，有需要的可以结合工作实际使用。

投诉举报工作体系在很多层面与反舞弊工作体系高度重合，这里着重阐述投诉举报体系建立的一般步骤和一些特殊环节。

（一）成立专门的管理投诉举报的组织

该组织成员一般最少有两人，有一人专门负责投诉举报的沟通、受理、登记工作，其岗位设立主要是为了避免出现投诉举报未正常受理的情况。其余工作人员可以负责后续调查处置工作。负责投诉举报的受理登记的工作人员也可参与调查处置工作，但是上述人员一般在企业内不得兼有其他职能，以免出现不相容职责。

（二）建立投诉举报渠道

一般企业反舞弊组织会设立专门的投诉举报电话、投诉举报邮箱，并且安排专人进行管理登记。除此之外，在企业主页设立留言栏，建立专有的微信公众号、微博账号等接收投诉举报也比较常见。当然最基础的投诉举报渠道，是在企业内明显位置设立投诉举报信箱。

上述投诉举报渠道建立完成后要对外公示。

（三）编写并下发投诉举报相关工作制度和流程

通常情况下，在开展投诉举报受理工作时，会对应建立投诉举报相关的工作制度和流程，一般常见的有投诉举报受理登记流程、投诉举报人保密和保护制度、调查人员回避制度等。这些制度和流程要与投诉举报渠道一起对外公示。

（四）对全员开展投诉举报和反舞弊相关内容的培训

公示结束后，要对全体员工开展培训，培训内容有投诉举报相关内容、员工奖惩制度、员工行为准则、利益冲突申报制度等，并签订廉洁责任书。

（五）对商业合作伙伴开展投诉举报和反舞弊相关内容的培训

同理，要将投诉举报相关内容及其他反舞弊相关内容传达给外部商业合作伙伴，并签订廉洁责任书。

（六）投诉举报管理体系试运行

投诉举报管理体系建立起来以后，一般要试运行一段时间，通常是 3～6 个月，主要目的是进行调查组织的培训、对投诉举报体系进行查漏补缺、进行制度修订等。

（七）投诉举报系统开始正常工作

问题：投诉举报渠道的工作要求有什么？

（1）投诉举报电话的设立要求为：

① 专用电话，不得与其他部门共用，不得变更；

② 电话由专人值守并记录；

③ 可以使用语音电话。

（2）投诉举报邮箱的工作要求为：

① 专用邮箱，专人登录，专人回复，邮箱不得变更，投诉举报邮箱管理人一般是调查组织负责人和专职邮箱管理人；

② 邮件内容不得转发给除该案件调查人员以外的其他人；

③ 邮件内容不得删除。

（3）一般会有通用的回复话术，例如："感谢您提供的信息，该投诉举报事项已经登记，我们会在 ×× 个工作日内安排工作人员与您取得联系，关于您的反馈内容，我部会严格保密。"

问题：投诉举报渠道的公布途径有哪些？

（1）向全员直接公布。

（2）纳入日常廉政宣教材料。

（3）纳入廉洁相关尽调问卷。

（4）纳入员工廉洁协议书。

（5）纳入员工手册。

（6）纳入供应商廉洁协议。

（7）纳入招标文件。

※ 未完全列举。

稳步开展投诉举报相关工作 6 个月以上，投诉举报数量平稳，并未出现严重的处理问题，便表明投诉举报相关工作进入正常平稳状态。

三、投诉举报系统的日常运作

接到投诉举报以后，对投诉举报的日常处置一般包括以下几个主要步骤（见图 6.3）。

01 调查立项	02 调查前期	03 调查中期	04 调查后期
1. 受理案件	1. 分析研判案情	1. 外部调查	1. 整理案卷
2. 立项决策	2. 草拟调查计划	2. 内部调查	2. 撰写调查报告
3. 分配案件	3. 调取相关资料	3. 证据链研判分析	3. 追损和整改
	4. 调查组成员分工	4. 访谈核心人员	4. 反馈举报人
			5. 结案和存档

图 6.3 投诉举报的处置流程

读者可能会发现投诉举报的处置流程与其他舞弊案件调查步骤基本一致。在认定可能存在舞弊情形后，投诉举报类案件（有舞弊可能）调查其实是舞弊案件调查的一个细分类目，后续调查工作与舞弊案件调查基本一致。这里主要阐述一下投诉举报案件调查过程中一些需要特别关注的工作细节。

（一）投诉举报案件登记和受理

1. 投诉举报案件登记

（1）登记投诉举报人的基本信息，包括姓名、身份、联系方式等。

（2）登记投诉举报的事项，主要投诉举报的对象，所涉及的事项，完整详细的经过，所有参与人员，有无证人、证据资料，应涵盖时间、地点、人物、起因、经过和结果六要素。

（3）一般要填写案件登记表，以便后续复盘和安排具体工作，常见的投诉举报案件登记表见表 6.1 和表 6.2。

表 6.1 投诉举报案件登记总表

投诉举报人姓名	受理时间	部门/单位	邮箱	电话号码	投诉举报事项	是否匿名	是否受理	调查人员	处理情况
李××									

表 6.2 投诉举报案件登记表（单个案件）

投诉举报时间	投诉举报人姓名	投诉举报人联系方式	投诉举报人邮箱	投诉举报人单位/部门

投诉举报内容：
案件登记人：
调查人员：
调查结论：

2. 投诉举报案件受理

收到投诉举报以后，一般舞弊调查组织会对投诉举报内容进行研判，研判后通常会按照案件性质进行分类处置。

（1）认为属于本部门管辖范围的，请示主管上级以后，安排调查人员开展调查工作。

（2）不属于本部门管辖范围的，移交给其他相关部门。

（3）属于虚假投诉举报的，不予受理，登记即可（可能引发重大风险的除外）。

通常研判结束后，对于投诉举报案件的认定，需要给投诉举报人反馈，以便于后续沟通，也可以降低事态扩大的风险。

由于各个企业对反舞弊组织定义不同，因此各个部门的职能划分也有所区别。很多企业的反舞弊组织的主要工作围绕舞弊案件展开，除此之外还要兼顾处理重大舆情危机、员工群体性事件等重大危机事项。具体的投诉举报受理工作还是要依据不同企业的内部职能划分进行分配。

其中应由舞弊调查组织受理的，一般包括图 6.4 所示的内容。

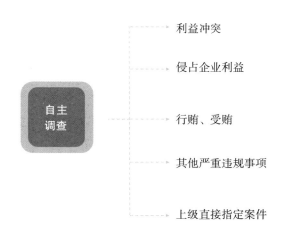

图 6.4　舞弊调查组织自主调查案件范围

需要移交其他相关部门处理的，一般包括图 6.5 所示的内容。

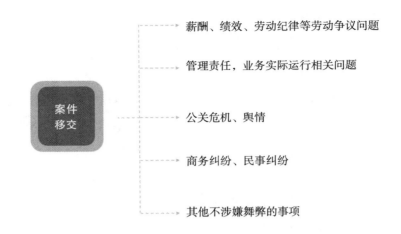

薪酬、绩效、劳动纪律等劳动争议问题

管理责任，业务实际运行相关问题

案件移交

公关危机、舆情

商务纠纷、民事纠纷

其他不涉嫌舞弊的事项

图 6.5 需要移交其他相关部门处理的投诉举报案件

（二）投诉举报案件的移交工作

收到投诉举报后，确实会有部分案件不在舞弊调查组织管辖范围，要进行案件移交。案件移交有两种情形。

1. 无法联系到投诉举报人的情形

通常会隐匿投诉举报的来源，防止匿名的投诉举报人被推导出身份，仅将投诉举报的内容移交相关职能部门。但是会通过匿名投诉举报人所留的联系方式（匿名投诉举报人通常会通过电子邮箱或电话的形式进行举报，有联系方式但没有真实姓名），向投诉举报人告知案件移交的缘由和移交情况。

2. 可以联系到投诉举报人的情形

通常会联系投诉举报人，告知案件移交的缘由和拟移交的部门，询问是否同意将投诉举报人的联系方式一并移交新的受理部门，在对方准许的情况下，将案件完整信息移交新的受理部门。对方不同意新受理部门得知联系方式的，可以隐匿投诉举报来源再进行移交。

投诉举报人拒绝移交处理的，可以上报上级主管，按照上级领导批示确定是否移交。

移交时一般采用电子邮件、书面文件、审批系统，不能仅通过口头、微信、QQ等非正式方式传递。移交对象应为职能部门负责人或是指定受理登记人，以防止出现错漏。应该事先确定移交范围规定及移交流程，移交流程不用拘泥于线上或线下。无错漏、保密、保护投诉举报人是必须考虑的事项。移交前，为了移交工作顺畅，建议先行沟通，争得对方同意后再移交。移交后要提示对方接收，以免延误导致其他风险。

移交目标部门拒绝受理的，可以上报企业高层，由高层最终决策该投诉举报案件的最终受理部门。

（三）投诉举报案件的沟通与结案

1. 沟通

与投诉举报人的沟通其实贯穿案件调查始终：调查初期的沟通，可以尽量获得更多的信息情报，降低调查难度，缩短调查周期；调查中期的沟通，可以了解案件细节，针对性咨询调查中的疑问，安抚投诉举报人情绪，说服投诉举报人暗中配合等；调查后期的沟通，可以提高调查组织威信，化解深层次矛盾，**这是投诉举报案件调查与其他舞弊案件调查最显著的区别**。

投诉举报案件调查结束后，基本结案流程与普通舞弊案件结案流程完全一致，除了常见的归档、追损、违规人员处置、整改闭环外，还有一个相对特殊的环节，就是将案件调查结果同步给投诉举报人。很多舞弊调查人员完成工作以后会忽略此环节，导致投诉举报人产生误解，进而引发一些新的风险。

投诉举报人通常是为了达到某种目的才投诉举报。案件调查结束后，由于各种原因，后续处置可能满足了投诉举报人的要求，也可能无法满足其要求。究其原因，投诉举报案件的调查是基于证据链理论，运用的是"法证"思维，尊重事实和证据，后续处置首先考虑的是企业利益，舞弊调查组织并不是为了满足投诉举报人的需求而工作的。

与投诉举报人沟通时有一些需要特别关注的事项，读者可以在具体实践中参考。

（1）应当回复事项。

除案件调查需要外，下列事项属于应当回复投诉举报人的内容，建议舞弊调查人员视实际情况开展工作。

① 对于影响投诉举报人个人利益的事项，通常应该予以回复。

② 对于属于企业管理范围，但不属于舞弊调查组织管辖范围的事项，应当予以回复，并将该事项移交相关职能部门。

③ 对于无法解决的事项，或是不属于企业管理范围的，应当予以回复。可以从法律层面给予一定的解读，或是建议对方自行寻求法律援助。

（2）与投诉举报人的沟通频次。

除案件调查需要外，通常案件调查周期不超过 1 个月，调查结束后回复即可，对于情绪特别激动的投诉举报人，可以适当增加沟通频次。案件调查时间长的，可以每月沟通，主要目的有两个：一是不引发进一步危机，二是防止调查部门失信。

（3）不予回复事项。

虽然投诉举报人大多有一定的诉求，但是为了维护企业利益，或是为了舞弊案件调查的需要，事实上还是有很多事项不便告知投诉举报人的，下列内容通常不建议告知投诉举报人。

① 影响企业声誉的事项。

② 涉及企业机密的事项。

③ 涉及违规员工处理的事项。

④ 涉及后续管理调整的事项。

⑤ 社会热点事件。

上述事项未完全列举。舞弊调查人员要结合工作实际，不可生搬硬套。根据不同的情况，采取不同的沟通策略是舞弊调查人员的基本素质。

（4）事项不予回复时的基本话术。

一般采用模糊的方式表明某事项不予回复，切忌生硬拒绝答复，否则极易激化矛盾，引发新的危机。另外，群体性事件、社会热点事件可以由公关部门统一对外答复。

下面提供几个常见的回复话术，供大家参考。

① 您好，投诉举报事项已经调查完毕，但是后续处理涉及违规员工隐私，不方便告知您具体细节。

② 您好，投诉举报事项已经调查完毕，但是后续的管理调整、处置方案，涉及公司管理机密，不方便告知您具体细节。

③ 您好，投诉举报事项已经调查完毕，后续公司处理决定，将由公司的公关部统一对外公布，您可以关注公司的相关新闻（涉及舆情和社会热点事件的）。

2. 结案

要做好与投诉举报人沟通的工作，处理好投诉举报人的诉求，对于合理诉求尽量支持，对于不合理诉求果断拒绝。综合考虑各种可能引发的风险后，处置了违规违纪人员，追回了企业损失，并跟踪了管理漏洞填补进展，将案件资料进行了存档，就可以结案了。具体的结案步骤与其他舞弊案件结案步骤基本一致，在本书其他部分有详细阐述。

第三节
投诉举报体系难点解析

一、与投诉举报人沟通的策略

从投诉举报人处挖掘更多的线索，对后续的调查工作非常重要。投诉举报人通常是舞弊案件的知情人或参与者，若能提供一些关键的证据资料，或者一些有用的调查方向，那么对案件调查十分有利，能让舞弊调查人员在后续的调查工作开展时少走弯路。

投诉举报人大多本身有维权的需求，但是又存在一些畏惧心理（害怕被打击报复，害怕被牵连），因此匿名的投诉举报人居多。大多数投诉举报人不具备相应的法律知识，提供的线索质量不高，这些都为后续的舞弊调查工作带来了很多困难。为了获得更多有价值的信息，舞弊调查人员就必须研究和投诉举报人沟通的策略。

📖 延伸阅读

与投诉举报人沟通的策略

· ·

与投诉举报人沟通的策略如下。

（1）确定投诉举报人身份。

（2）收到投诉举报时与投诉举报人初步建立联系，了解基本情况，消除其顾虑，为后续深入沟通打好基础。

（3）与投诉举报人面谈／远程沟通，尽量面谈，深入了解投诉举报事项，建立后续协作联系。

（4）在调查过程中，就掌握的证据线索与投诉举报人沟通，协调配合。

（5）案件调查完结后，就调查结论与投诉举报人沟通。

从沟通效果来讲，文字沟通＜语音沟通＜现场沟通，因此在与投诉举报人沟通时，应尽量促成语音沟通或是现场沟通。从投诉举报人身份真实性来考量，实名人员远比匿名人员更具有关注价值。图 6.6 简单列出了沟通方式对调查工作的影响。

沟通效果	沟通风险	重视程度
·现场沟通效果好于远程沟通 ·与实名投诉举报人员沟通效果好于与匿名人员沟通	·现场沟通人身风险高于远程沟通 ·远程沟通信息失真风险高于现场沟通	·对于实名人员，要比匿名人员更多地关注 ·涉及金额越大，影响其自身利益越大的要更多地关注

图 6.6　沟通方式对调查工作的影响

与投诉举报人接触后可能出现的各种情形如图 6.7 所示。

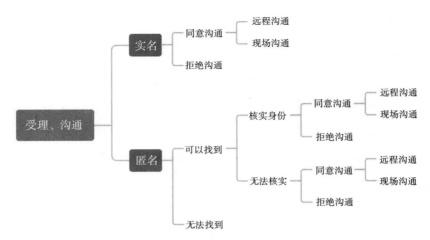

图 6.7 与投诉举报人沟通的各种可能情形

在投诉举报案件调查中，首先核实投诉举报人的真实身份，其次应尽量促成现场沟通，或是促成远程沟通。

二、如何核实匿名投诉举报人身份

分析投诉举报人群，一般会从以下几个方向来寻找匿名投诉举报人身份的可能线索。

（1）与被投诉举报人有明确矛盾的人。

（2）被投诉举报人的管理下级或是同级人员。

（3）近期离职或将要离职的被投诉举报人所处组织里的工作人员。

（4）可能参与投诉举报事项具体事务的人员。

（5）近期不再合作的供应商、代理商、合作商等商业合作伙伴。

（6）近期由于与企业的商业合作，引发重大损失的商业合作伙伴。

舞弊调查人员可以调取这些相关人员的资料，通过联系方式、常用地址、身份背景来推断匿名投诉举报人身份。

推断出身份后，如果对方留有联系方式，舞弊调查人员可以在沟通时，通过说明调查流程—消除投诉举报人的顾虑—促使投诉举报人实名的基本思路，来引导对方从匿名转为实名。如果对方拒绝直接沟通，可以通过发短信、邮件的方式开展工作。

与匿名投诉举报人沟通的基本思路如图 6.8 所示。

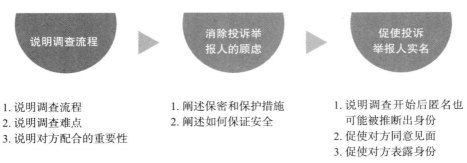

1. 说明调查流程　　　1. 阐述保密和保护措施　　　1. 说明调查开始后匿名也
2. 说明调查难点　　　2. 阐述如何保证安全　　　　可能被推断出身份
3. 说明对方配合的重要性　　　　　　　　　　　　2. 促使对方同意见面
　　　　　　　　　　　　　　　　　　　　　　　3. 促使对方表露身份

图 6.8　与匿名投诉举报人沟通的基本思路

另外，还有直接反向刺激被投诉举报人，迫使匿名投诉举报人暴露身份的策略，但是一般不建议使用。

三、与投诉举报人的沟通话术与注意事项

舞弊调查人员需要结合自身能力和实际工作情况，面对沟通过程中可能发生的各种突发情况，随机应变，尽可能地获得更多的调查信息，避免引发更多的危机。

问题：怎么与投诉举报人沟通？

（1）表明身份。

（2）了解投诉举报人基本信息。

（3）说明投诉举报事项的处理流程。

（4）说明投诉举报人的保密和保护事宜。

（5）了解投诉举报人举报事项。

（6）了解投诉举报人掌握的证据。

（7）了解投诉举报人的诉求。

（8）保持联系。

※ 询问顺序可能随实际情况调整。

与投诉举报人沟通需要注意很多细节问题，沟通时稍有不慎可能会引起对方反感，引发对立和矛盾，进而导致更多的风险。

问题：与投诉举报人沟通有哪些注意事项？

（1）注意消除投诉举报人的顾虑。

（2）尽量说服投诉举报人表明真实身份。

（3）尽量说服投诉举报人见面。

（4）尽量说服投诉举报人提供证据。

（5）不轻易做出承诺，不轻易发表意见。

（6）预判对方可能录音录像。

（7）心平气和、不卑不亢。

※ 未完全列举。

如前文所述，舞弊调查人员需要设法与投诉举报人见面，以便更好地进行沟通，获得更多的线索，现场沟通时，除了注意前文所述的事项外，还需要注意自身安全、保密等更多要素。

问题：与投诉举报人见面需要注意哪些事项？

（1）选在公众场所见面。

（2）选择相对私密的空间。

（3）选择令对方舒适的时间和地点。

（4）注意回避对方单位、住所。

（5）注意回避己方单位和其他人员。

（6）提前沟通见面人员组成。

（7）提前准备好录音录像设备。

（8）提前准备好相关记录设备。

（9）提前了解对方身份信息。

（10）提前勘查会见现场。

（11）提前准备出现风险时的预案。

（12）注意安全，必要时安排接应人员。

※ 未完全列举。

四、保密和保护投诉举报人

目前所有的外部合规要求内，都有对投诉举报内容保密、对投诉举报人进行保护的相关规定。这也是投诉举报调查工作的基础。

对于投诉举报内容的保密，投诉举报的所有信息都应被列为保密信息，必须严格控制投诉举报人的身份信息、联系方式等的传播范围。通常舞弊调查组织内部都采取单线传递、有限知悉的方式来控制传播范围。一般只准许舞弊调查组织的负责人、投诉举报案件的接收人、案件的舞弊调查人员知悉全部内容。

在开展调查过程中，不可避免地需要调取一些书证、物证，需要找相关人员核实情况，这时不可避免地会泄露调查的意图和已掌握的情况。因此调查工作的保密性是相对的，投诉举报内容的保密性也是相对的。泄密随调查工作开展、随时间推移成为一个必然性问题，这在和投诉举报人沟通时一定要仔细阐明，以免引起误会，引发信任危机。

在实际工作中，还可能需要传递投诉举报调查的相关信息，比如在后续处置阶段，在向上级汇报阶段，都需要传递一部分相关信息给其他部门和个人。这时舞弊调查人员处于一种两难的境地：不充分传递信息，可能导致误解，无法推进后续处置和闭环工作；充分传递信息，又会影响案件调查的保密工作。根据笔者过往的经验，在传递上述内容时，一般会严格脱密，仔细检查是否泄露投诉举报人身份，是否过多暴露调查手段，具体做法可以参考案件调查保密事项的相关内容。

特别关注事项

很多投诉举报的内容，如果只限于某些特定人群才能知晓的，那么通过投诉举报的详细内容，可以很容易推断出投诉举报人。在具体信息传递过程中，一定要注意这个工作细节。

在对投诉举报人进行保护时，除了注意保密工作之外，还要注意提示投诉举报人相关风险，遇到危险时的注意事项。在投诉举报人帮助取证时，一定要仔细规划保密措施，规划突发情况的应对，甚至帮助安排接应人员。如果投诉举报人是本企业员工，可以安排其暂时离开风险地区，如外派其出差，以便最大限度地保护其人身安全。

第四节
案例与实操分析

一、一个虚拟的投诉举报案件

2020 年 10 月 11 日，投诉举报邮箱接到举报，举报内容如下：

运营部负责人王某与下属分公司负责人李某及大区负责人张某是亲属关系。李某管理能力较差，出现过多次问题，但其基本工资每月 2 万多元，远超同岗位其他人员 1 万元左右的工资，投诉举报人留有联系电话号码，没有具体姓名。

二、案件解析

从投诉举报信息初步判断，是亲属关系导致内部员工不正当聘用，获取不正当利益。如果有受贿行贿情形出现，可能存在非国家工作人员受贿。此类案件在投诉举报案件中属于常见类型，很多公司内都存在类似问题。

投诉举报人没有留下真实姓名，但是留下了联系方式，说明投诉举报人应是被投诉举报人熟悉的人（很可能是公司员工），其对投诉举报调查并不完全信任，但还是希望通过此种途径来达到目的。该人所留电话号码如果为真实电话号码，且能够接通，说明该人有沟通意愿，且有可能透露真实身份，并且提供更多线索。

请思考：

（1）这是匿名投诉举报还是实名投诉举报？与投诉举报人如何沟通？

（2）投诉举报内容可能涉及哪些问题？存在哪些情形可能构成舞弊？

（3）如何调查该案件？

三、具体工作流程

（一）落实投诉举报人身份，与投诉举报人沟通

（1）拨打联系电话号码，与投诉举报人建立初步联系。

（2）表明身份，说明投诉举报事项的处理流程。

（3）向投诉举报人说明保密和保护事宜。

（4）尽量争取与投诉举报人见面，说服投诉举报人透露真实身份。

（5）安排现场见面／电话深入沟通。

（6）详细了解投诉举报人基本身份信息。

（7）详细了解投诉举报人举报事项，尤其是与舞弊成立相关的信息。

（8）了解投诉举报人掌握的证据，协助投诉举报人提供相关证据资料。

（9）了解投诉举报人的完整诉求。

（10）结束沟通，保持联系。

注意：上述工作可能随实际情况调整。

（二）研判案件线索，确定调查方向

此类案件属于亲属关系导致利益冲突，可能伴随发生行贿受贿情形的案件。

舞弊存在的关键要素如下：

（1）确实存在亲属关系；

（2）不正当聘用员工；

（3）存在利益输送（行贿受贿）。

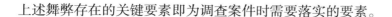

上述舞弊存在的关键要素即为调查案件时需要落实的要素。

（三）具体调查工作

（1）调取相关人力资源档案资料，包括入职登记表、面试记录、薪酬绩效审批记录（如有）、劳动合同、亲属关系报批文件、员工升迁记录、所属部门工资发放记录等。

（2）审查人力资源档案资料，寻找证明亲属关系的证据，如有可能，可以前往其长期居住地调研。

（3）审查入职记录、升迁记录、员工工资，评估员工待遇和职位是否符合公司现状，是否属于公平聘用。

（4）如不属于公平聘用，寻找不公平聘用的原因，确定责任人。

（5）对相关责任人进行访谈，计算公司损失。

（6）调查是否存在行贿受贿情形。

（7）根据所获证据，请示上级做出后续处置指示。

※ 未完全列举。

（四）后期处置

1. 如何追偿

（1）计算工资发放损失。

评估违规聘用人员合理薪酬，计算违规发放的薪酬差额（包括奖金、基本工资、补助等）。

（2）追偿途径。

已发放工资按照《劳动法》无法追回，但是可以通过对违规人员进行处罚、与责任人签订赔偿协议、提起诉讼等方法来追偿。

※ 处罚要符合《劳动法》相关规定，提起诉讼的前提是获得对应证据，具体细节在虚拟案例内无法进行讨论，这里仅简单列出可能的追偿途径。

2. 闭环控制

（1）处罚内部违规人员。

（2）内部岗位调整。

（3）对制度漏洞进行修补。

（4）对企业内其他岗位的人员进行排查。

（5）制定相应的风控和内控措施。

（五）行贿受贿的调查方法

（1）通过投诉举报人了解是否存在行贿受贿情况，搜集证据。

（2）通过相关部门工作人员了解是否存在行贿受贿情况，搜集证据。

（3）通过询问涉嫌舞弊人员了解是否存在行贿受贿情况，搜集证据。

（4）发现违法证据，前往司法机关立案，通过公权力来获取行贿受贿证据。

具体的调查流程和工作方法与其他舞弊案件类似。

———— … **本章总结** … ————

投诉举报一直是舞弊调查的主要线索来源之一，同时也是大多数刚入行的舞弊调查人员最早接触的案件类型。投诉举报案件中知情人为案件调查提供了一定的目标和指引。如果知情人提供了有效证据或是能暗中配合，调查工作就会更加容易，不容易出现风险。

但是由于投诉举报人的动机不同，或是受限于知识水平、法律意识，投诉举报人提供的线索和证据往往容易失真，经常会对调查工作产生一些误导。舞弊调查人员偏听偏信很可能会影响调查工作走向，最终导致调查结果与实际大相径庭。

舞弊调查人员应紧紧围绕着投诉举报人开展工作，最大限度地通过投诉举报人搜集线索和证据；切勿单向听取投诉举报人提供的信息，必须时刻警惕投诉举报人的动机，判断其是否误导案件调查；审慎分析案情，从不同的渠道全面搜集证据和信息，只有这样才能保证还原案件的真相，最终达成调查目标。

第七章　舞弊调查官能力培养和反舞弊体系的建立

2012 年前后，舞弊调查官这个职业还没有完全固化成形，部分企业已经存在一些有近似职能的岗位。对于舞弊调查官这个职业，既没有明确的技能要求，也没有清晰的职业发展方向。

由于国际和国内经营环境对廉洁合规要求的不断提高，基于企业发展和生存的需要，在经历了十余年的发展后，舞弊调查官这一职业如今已逐渐成形和成熟。目前企业内部舞弊调查官的主要来源有以下几类：

（1）以前从事审计工作的人员；

（2）以前从事稽核工作的人员；

（3）以前从事法务工作的人员；

（4）以前从事公检法工作的人员。

※ 未完全列举。

除了上面列出的类型以外，还有很多直接从事舞弊调查工作的人员。这些具有不同学历、不同工作经历、不同人生轨迹的人员，都可以从事舞弊调查工作。

　　在不同的企业内部，相比人力资源、法务、财务等传统岗位，对舞弊调查官的岗位职责、工作规范、考核标准实际上没有形成共识。在舞弊调查官行业飞速发展的同时，业内人士也良莠不齐。

　　每个行业一般都需要一个明确的人才选拔标准。对新进入这个行业的舞弊调查官来说，他们需要明确的学习方法和发展路径。本章第一节就主要阐述这方面的内容。

　　第二节主要写给资深的舞弊调查官，主要阐述作为反舞弊部门的负责人，进入新公司后，如何开展工作，如何从 0 到 1 建立反舞弊工作体系。

　　上述内容不一定适用于所有舞弊调查官，大家可以结合自身特点，寻找适合自己的发展路径和工作方法。

第一节
舞弊调查官的素质要求

笔者搭建过多个舞弊调查团队，带过很多有志于舞弊调查工作的年轻人，培养出了一些优秀的舞弊调查官，后来他们在不同的企业成为舞弊调查方面的核心力量。通过观察他们的成长过程，笔者发现那些最终成为优秀的舞弊调查官的人，具有一些共通的特质。

第一是性格方面。舞弊调查官工作具有特殊性，舞弊调查官常年与各类舞弊分子做斗争，经常触碰一些巨大利益，职业生涯起伏不定，舞弊调查官常年工作在巨大的压力之下。所以舞弊调查官必须坚忍，能承受很大的压力，不轻言放弃。所有取得过重大调查成果的舞弊调查官，都具有这种越挫越勇的优秀品质。优秀的舞弊调查官大多理性，喜欢制订计划，在开始工作前设想所有可能的风险，并提前制定解决方案。这种工作方式能够显著提高后续工作的成功率，最大限度地减少调查风险。

第二是思维习惯。优秀的舞弊调查官大多按照一定的逻辑开展工作，思维缜密且具有丰富的想象力。逻辑思维能力是舞弊调查官的必备能力，舞弊调查官还必须兼具想象力和思维拓展能力，"大胆假设，小心求证"是后续调查工作的主要工作方法。舞弊调查官必须学会通过零碎的信息、不完整的证据链，推导出舞弊行为的前因后果。

第三是学习能力强，具有旺盛的求知欲。舞弊调查官在职业生涯中，需要不断学习各类知识，丰富的知识储备能够帮助舞弊调查官加深对世界本源的认知，帮助舞弊调查官发现舞弊案件中的矛盾之处。舞弊案件可能涉及不同的领域，不同企业内的舞弊又有着不同的特点，舞弊调查官只有不断学习，才能高效开展舞弊调查工作。

第四是洞察能力强，善于思考分析。虽然已经具备足够的知识储备，具有了一定的工作经验，但是部分舞弊调查官还是不能找到问题的关键点，精确判断调查的方向，这多是因为洞察力不足。洞察力强的表征是善于思考，对舞弊特征敏感，擅长找问题。

第五是思维缜密，胆大心细。胆小怕事的舞弊调查官很难与舞弊分子正面对抗，难以开展调查工作；过于大胆的舞弊调查官容易逾越底线，触犯国家法律。舞弊调查官在调查过程中很可能遭受侮辱、谩骂，甚至是人身安全的威胁，只有具备足够的胆量，时刻保持理性，才能妥善处理各种突发事件，正常开展调查工作。舞弊调查过程中需要处理大量的数据，翻阅各种资料，研判各类证据，舞弊调查官必须非常细致且思维缜密，这样才能抽丝剥茧，逐步接近事件的真相。

第六是勤奋，脚踏实地。舞弊调查官的很多调查工作都很枯燥，必须脚踏实地，到实地开展工作，很多时候必须尝试各种调查方法，穷举各种舞弊可能性，调查每一条有希望的线索，才能最终查明舞弊事实。所以舞弊调查官不能懒惰，不能轻言放弃，必须脚踏实地开展工作，做好调查工作的每个环节。

第七是应变能力强。舞弊调查过程中经常会遇到各种突发状况，甚至可能发生激烈冲突，威胁到舞弊调查官的人身安全。优秀的舞弊调查官必须具备处变不惊、临危不乱的心理素质。在保持心态平和、处事不惊的同时，舞弊调查官还必须头脑清醒、冷静思考，快速找到解决办法，处理各种危机，这是舞弊调查官必须具备的基本素质。

读者可以通过参考这些素质要求，有针对性地查漏补缺，提高自身的综合素质。

第二节
舞弊调查官的培养路径

一、知识体系和基本技能

舞弊调查官的工作场景是极其复杂的，舞弊调查官除了要具备上文提到的那些特质之外，还要符合知识体系和基本技能方面的一些要求。

优秀的舞弊调查官大多具备充足的社会经验，视野开阔，拥有百科知识和基本常识，这些是舞弊调查官洞察力的基础。舞弊调查官平时一定要注意常识和业务知识的积累，否则在开展调查工作时无法迅速识别出矛盾点，找到舞弊线索。舞弊案件调查的关键是识别出反常要素，反常要素就是与常识矛盾之处，或是与业务知识矛盾之处。

舞弊调查官应该有一些与调查工作相关的知识储备。这里列出了一些参考书，舞弊调查官对这些参考书，不用死记硬背，但是要熟悉了解。

- 管理学相关书籍（参考工商管理专业相关书籍）。
- 《刑法》及《刑事诉讼法》相关书籍。
- 民商法相关书籍。
- 采购供应链相关书籍（刘宝红的《采购与供应链管理》，招标师教程《招标采购专业实务》)。

- 风险控制相关书籍（陈宏义的《完美的风险防范：企业常见法律风险识别与控制》，池国华、朱荣的《内部控制与风险管理》)。

特别关注事项

本书中列举内容不涉及任何商业利益。

请注意：笔者并没有列举侦查学这类的书籍，主要是由于这类书籍的教学对象是公安院校的学生，书中的很多技巧适用于公检法工作，并不完全适用于企业舞弊调查官。

访谈能力是舞弊调查官的核心技能之一。企业舞弊调查官缺乏公权力的支持，在搜集证据、了解案情时，需要与各种各样的人进行访谈。具备强大访谈能力的舞弊调查官在工作时，往往能够更全面地了解舞弊事实，更深入地挖掘舞弊线索，从而在舞弊调查时具有优势。访谈能力是可以通过后天训练提高的，只是这个过程非常缓慢，需要舞弊调查官沉下心去，慢慢磨炼。第四章介绍了相关训练和提高访谈能力的方法，大家可以参考学习。

审计能力也是舞弊调查官的核心技能之一。掌握审计的工作方法，熟悉审计的工作思路和工具，舞弊调查官能够显著提高综合调查能力。舞弊调查官具备一定的自主审计能力后，能够更高效地识别舞弊线索，发现舞弊案件中的核心问题和主要矛盾。具备审计能力的舞弊调查官进入新企业，从0到1开展反舞弊工作，在开局阶段，不用完全依赖投诉举报，能够自行发掘案件线索，显著降低了开局阶段工作难度，对比不具备审计能力的舞弊调查官，具有优势。

写作和汇报能力也是舞弊调查官的必备技能。撰写访谈记录、调查报告、工作报告、整改方案等都需要一定的文字功底和写作能力。在日常工作中，舞弊调查结束后，无论调查成果的呈现还是后续的内控闭环处置，无一例外都要进行工作汇报。无法简明扼要地阐述调查过程、清晰明了地叙述自己的观点，也就无法体现自身的工作价值。仅会埋头苦干，不会呈现工作成果的舞弊调查官，在职业生涯发展上容易遇到瓶颈。舞弊调查官要依靠不断增加阅读量，不断练习写作和公开场合发言，逐步提高业务能力。

二、培养路径

新入行的舞弊调查官要将学到的知识运用于实践。实践主要是参与各种舞弊案件的调查。通过实践不断提高各种技能水平，找到自身问题，查漏补缺。对于没有舞弊调查经验的舞弊调查官，企业通常按照以下培养路径培养。

（一）入门阶段（6~12个月）

在入门阶段，会要求培养对象快速学习基础知识。出于实际运用的考虑，并不需要培养对象死记硬背，而是要提高快速获取知识、灵活掌握知识的能力。通常以考试的方式来考查学习成果，一般提出一些开放式问题，要求对方回答，考试通常采用面对面交流或笔试的方式进行。

入门阶段通常不准许初学者自行开展舞弊调查，通常会安排一些资深的舞弊调查官作为案件负责人，带领初学者开展工作。但是在案件调查开始前，要求初学者自行分析案情，编写调查计划，设计调查思路。这个阶段应多鼓励、少批评，着重于培养逻辑思维能力。对于不合理的想法，在指出不当之处的同时，还要给出改进意见，并说明理由。

入门阶段还是要按照从易到难的方式，给初学者安排一些调查工作。

通常会将一些案件中不太重要的知情人的访谈工作，安排给初学者。访谈前，初学者会被安排准备访谈提纲，这也是训练逻辑思维、发散思维的方式之一。要对初学者进行提示和指导，以便其快速度过"无事可问"的阶段。在其访谈的同时，如果出现不当之处，一般暂停访谈，进行指导。访谈后，通常会要求初学者认真整理访谈纪要，整理完毕后一般会对其进行有针对性的指导，这是为后续的访谈工作奠定基础。具体训练方法可以参考第四章。

除了访谈工作之外，一般还会安排初学者做一些简单的外部调查工作，外部调查时一般会有资深的舞弊调查官陪同。外部调查时要特别关注可能出现的风险，做好预案和心理建设。对于风险不大的外部调查工作，可以视情况安排初学者自行开展工作。

（二）提高阶段（18～24个月）

进入提高阶段的舞弊调查官，就需要独立开展舞弊调查工作了。通常会按照从易到难的顺序安排其作为案件主责人开展调查工作。最初安排的类型一般为有明确线索的举报案件。案件通常与职务侵占相关。实名举报通常比匿名举报的线索更明确一些。在这个阶段，前期通常会安排资深的舞弊调查官陪同开展调查，以便随时弥补工作疏漏，提出改进意见。后期通常会由处于提高阶段的舞弊调查官带领开展舞弊调查，舞弊调查组织的负责人需要密切关注其工作进展情况。调查结束后，在调查组离开案件调查地前，要对其调查结论、已掌握的证据、工作过程进行复盘检查，若发现疏漏，要求其及时改正或补充调查。

在提高阶段还是要持续跟进调查计划的编写、访谈提纲的准备、访谈纪要的撰写等工作，持续观察舞弊调查官的整体调查思路是否正确，工作方法是否得当，遇到突发事件能否快速解决。对于案件调查中的问题，要在启发思考的同时及时给出建议；出现错漏时，要及时予以纠正。

在提高阶段的中后期要安排一些尽职性案件的调查，尽职性案件可能没有明确的舞弊事项，但是需要舞弊调查官对工作职责、权限、企业规章制度具有深刻的认识，因此特别适合锻炼提高阶段舞弊调查官的案件调查能力。

在提高阶段的中后期还要安排参加一些刑事案件的调查工作，包括案件前期自行调查工作、案件中后期的报案工作，以便其积累刑事案件的调查经验，学习如何同公检法机关打交道。

（三）出师阶段（30个月以上）

此时，舞弊调查官已经具有充足的知识储备，具备足够的调查经验，掌握了各种调查技巧，能够自行应对各种突发事件和调查风险，已经成为一名成熟的舞弊调查官了，可以自行开展复杂舞弊案件调查，包括一些中高管理层尽职性案件的调查和刑事案件的调查工作；也可以处理一些突发事件和棘手问题，比如群体性事件、可能对企业声誉产生不良影响的事件等。

在这个阶段，应该安排其带领一些入门阶段的舞弊调查官开展工作，并且要求他们对这些初学者进行指导和培养。在对初学者进行培训的同时，资深的舞弊调查官也能查漏补缺，从而在专业上更进一步。

在这个阶段，还应该安排其从事一些多部门协调的工作。只有学会和其他部门进行协调沟通，才能更好地完成舞弊调查的闭环工作，才能维护舞弊调查组织的权威。通常会给这个阶段的舞弊调查官一些发展建议，并且提示其关注外部机会，使其具有更多的发展空间。

三、不合格舞弊调查官的淘汰标准

当培养一段时间后，通过不断持续观察，可以淘汰一些不适合从事舞弊调查工作的人员，淘汰标准如下。

（1）没有职业操守，工作态度不良。

（2）不遵纪守法。

（3）不听指挥，肆意妄为。

（4）过于以自我为中心。

（5）不按时完成工作。

（6）懒惰。

（7）存在能力缺陷。

（8）逻辑思维能力缺失。

（9）洞察力弱。

（10）应变能力弱。

（11）不具备持续学习能力。

…………

舞弊调查官时常与舞弊分子打交道，职业操守对于舞弊调查官是首要的考核要素。不遵纪守法，利用调查权肆意妄为，甚至收受贿赂，这些都是无法接受的道德缺陷。在舞弊调查组织的内部，相关的纪律要求非常高，一旦发现有违法违纪的行为，就要坚决淘汰。

过于以自我为中心、胆大妄为的舞弊调查人员也不适合从事舞弊调查工作。过于自我不利于开展工作协同，胆大妄为容易逾越法律边界，从而导致重大的舞弊风险。

在能力上，逻辑思维能力是必需的能力，也是最难培养的能力。本质上，逻辑思维能力是一种思维习惯，是在成长过程中慢慢形成的。如果不习惯运用逻辑思维来思考问题，后续的舞弊调查工作是无法开展的。

相对于逻辑思维能力，洞察力和应变能力都能在后续工作中慢慢培养，应变能力主要靠风险处置预案学习，靠情景模拟训练和实践来不断提高。舞弊调查官如果经过1~2年仍然不能很好地应对突发事件，那么也就不适合从事舞弊调查工作。洞察力基于判断力的培养，没有很好的判断力就无法快速识别舞弊风险，找到关键线索和调查方向。洞察力弱的表现就是自主工作能力差，无法找到案件调查方向。通过持续训练，洞察力仍然弱的人，也不适合从事舞弊调查工作。

除了上述所列的标准以外，其实还有一些淘汰标准，这里就不赘述了，大家可以根据自己的经验，找到那些真正适合从事舞弊调查工作的人。

第三节
反舞弊工作的开端和破局

到一个新的企业开展舞弊调查工作时，会面临很多问题，这些问题是舞弊调查官开展工作时必须考虑的要素，解决好这些问题，舞弊调查官才能开展后续的工作。

问题：从 0 到 1 开展反舞弊工作需要注意哪些问题？

（1）企业对反舞弊工作的认知是什么？

（2）企业对舞弊调查组织是什么态度？其整体需求是什么？

（3）上级对反舞弊工作有什么工作要求？

（4）之前反舞弊工作进行到什么阶段？遇到了什么问题？

（5）哪些部门支持舞弊调查工作？哪些部门抵触舞弊调查工作？

（6）舞弊调查组织有哪些授权？

（7）舞弊处罚依据是什么？处理流程是什么？

（8）舞弊调查组织的工作量和人员配置是否匹配？

（9）企业目前的舞弊情况如何？常见的舞弊类型有哪些？

（10）已经发现了哪些重大舞弊风险？

（11）哪些案件已经结案？哪些案件尚未查结？

（12）从哪些方面入手开展调查工作？

※ 未完全列举。

上述问题，对制定开局策略有重大影响，舞弊调查官务必全盘了解。作为企业反舞弊工作的负责人，进入一个新企业时的开局策略通常如下。

一、了解舞弊调查组织的生存环境

在开局阶段，首先要了解舞弊调查组织所处的生存环境。上面罗列的问题（1）~（5）主要与企业内舞弊调查组织生存环境相关。进入一个新企业，通常会面临两种情况：一是企业从来没有开展过舞弊调查工作；二是上一任反舞弊工作负责人由于某种原因离职，给我们留下了未完成的工作和部分工作人员。

对于这两种情况，首先要向上级了解的是，目前企业对反舞弊工作的认知和整体需求。通常刚刚进入企业的反舞弊工作负责人，在 3 个月内必须做出一定的成绩，否则很容易在试用期内被企业淘汰，这种淘汰方式通常也适用于其他部门的负责人。所以在开局时，在职责范围内，做好企业最关心的事情，解决企业最需要解决的问题，这样往往能够快速获得企业的信任。

在这个阶段，沟通是需要特别关注的事项，尤其是和上级主管领导的沟通。良好的沟通有助于迅速了解对方、拉近关系、清楚工作要求，这也是建立信任感的第一步。在具体开展工作时，会与自己的管理上级之间，可能存在一些分歧。一般刚开始工作时，尽量求同存异，否则会快速失去上级的信任。

沟通也是了解其他相关部门对舞弊调查组织态度的主要途径，有助于从侧面证实上级对舞弊调查组织传达的工作需求是不是企业真正的工作需求。信息从上至下传导时，确实经常存在失真的情况，沿着错误的道路开展工作，就离失败不远了。在和其他相关部门沟通时，要特别注意搜集相关部门对舞弊调查组织的协作需求，以及其特别抵触的舞弊调查工作事项。这些协作需求可能会成为后续开展舞弊调查工作的线索来源，特别抵触事项可能是这个企业开展舞弊调查工作时的禁忌事项。

通过沟通还能了解企业在反舞弊工作上的其他禁忌事项。这些禁忌事项可能有部分不符合舞弊调查工作的工作要求，有些也会影响舞弊调查工作的开展，但是在开局阶段，舞弊调查官只能尽量避免触碰禁忌事项。对于确实受到严重影响的事项，可以与上级深入沟通后，选取企业能够接受的方法开展舞弊调查工作。

在进入企业前，企业是否开展过反舞弊工作，反舞弊工作进行到什么阶段，出现过什么问题，这些也是需要仔细了解的事项。通过对这些事项的了解，通常可以判断舞弊调查的难易程度，可以了解过往反舞弊工作上的缺失，这对后续制定开局策略非常有益。

二、了解舞弊调查工作的前置条件

对反舞弊工作负责人来说，第二项重要的工作是全面了解舞弊调查工作的前置条件［前述问题（6）~（8）］。舞弊调查的前置条件主要是授权和制度保证。

授权主要是指舞弊调查官的调查权限，这是舞弊调查工作开展的前提。

问题：企业内舞弊调查官通常有哪些调查权限?

（1）要求调查对象提供与调查事项有关的文件、资料、财务账目及其有关材料。

（2）查阅、复制、暂扣、封存与违反制度和纪律行为有关的文件、资料、财务账目及其有关材料。

（3）要求调查对象立即停止正在进行的侵害行为。

（4）责令涉嫌单位和调查对象在被调查期间不得变卖、转移、损毁有关财物，必要时可采取保全措施。

（5）约谈和质询调查对象，要求调查对象就调查事项所涉及的问题做出解释说明。

（6）责令涉嫌严重违反企业规章制度的调查对象停职、停薪，并要求在指定时间、指定地点就调查事项所涉及的问题做出解释说明。

（7）向调查事项涉及的相关人员进行求证、询问。

（8）对违反企业规章制度的行为有处罚的建议权和执行权。

（9）上级领导授权的其他事项。

上述内容通常会由企业发文公示，并在访谈时的权利义务告知书内完整呈现。

除了上述权限之外，舞弊调查官还需要仔细了解案件调查所需的信息的获取途径和审批流程，以便在工作时能够迅速获取有关证据资料。

舞弊调查的后续处置和企业内的奖惩制度紧密相关。通常进入一个新企业后，首先会通读企业内部的奖惩制度，通过相关制度规定来了解企业的奖惩体系。很多企业奖惩相关规定并不统一在一个奖惩制度当中，可能各个部门都发布了与各自业务相关的奖惩内容。如果是这种情况，舞弊调查官就需要搜集所有的奖惩内容，并仔细确认相关制度的异同及覆盖范围。需要注意这些制度的发布时间和覆盖范围，如果发现制度漏洞，在修补这些制度漏洞前，对于舞弊事件的后续处置，可能要采取一事一议的方式进行，并且要建议对企业内的奖惩制度进行完善和修订。

反舞弊工作负责人还必须了解整个舞弊调查团队的人员情况，了解团队成员的过往经历、学识、性格、喜好、日常习惯、工作经验等事项，并且结合企业的反舞弊工作实际来判断整个团队组成是否满足反舞弊工作需要。团队成员过多或过少，都不利于后续工作的开展。通常中小型企业的舞弊调查团队 2 ~ 4 人即可（2 个工作组），大型企业的舞弊调查团队规模通常为审计团队规模的 1/3 ~ 1/2，具体情况还需要结合企业自身需求确定。

舞弊调查团队一般还需要 1 ~ 2 名资深的舞弊调查官。他们需要具备独立开展舞弊调查的能力，在普通案件和涉刑案件方面都有一定的工作经验。如果除了反舞弊工作负责人自己，没有其他资深的舞弊调查官，那么在开展重大舞弊案件调查时，调查力量就会显著不足。

三、梳理线索来源和调查方向

除做好前文所述的工作之外，还要对企业的舞弊水平和主要舞弊风险进行全面的了解，在这个过程中通常能够搜集到一些舞弊线索，这些线索可能就是后续的工作方向。为了尽快获取舞弊线索，反舞弊工作负责人通常会做以下几件事：

（1）搜集过往年度审计报告和专项审计报告，从中寻找已知的舞弊风险和舞弊线索；

（2）梳理过往查结的案件，梳理企业内部已知的舞弊风险；

（3）梳理尚未开展调查工作的举报线索，进行分析研判；

（4）与各个部门沟通，梳理各个部门提供的舞弊线索；

（5）落实上级领导交办的重要事项。

※ 未完全列举。

从这些准备工作中，往往可以找到一些舞弊线索。在开局阶段，一般选择一些发生时间比较近、有实名举报人、线索比较明确、容易调查的案件。这主要是因为进入新企业的舞弊调查官对企业的工作流程、内部组织架构、人际关系都不熟悉，盲目开展复杂案件的调查，可能会过早触碰深层次利益，很难完成调查目标。

需要注意的是，一般情况下，举报案件比审计发现更容易调查，但审计发现揭露的舞弊风险通常更深层，涉及更多的利益。在举报案件中，实名举报又比匿名举报可能提供更多线索。因此，开局时通常会选择举报案件。

另外，舞弊案件的调查难度会随着时间的推移不断提高，企业内舞弊调查官受调查手段的限制，对于发生时间超过 1 年的舞弊案件，非常难以获取关键证据。而且发生时间越早的舞弊案件，留存的资料越少，相关人员流失率越高，调查难度也就越大，所以一般开局阶段不要调查发生时间已经超过 1 年的舞弊案件。

最后，对于那些已经被多次调查过，但是仍没有查明舞弊事实的案件，在开局阶段也不要轻易触碰。就算相应案件中确实存在舞弊行为，但是由于舞弊分子已经被多次质询，其非常清楚案件的调查方向和调查手段，很多关键证据已经灭失，相关人员也早已构成了攻守同盟，这些案件是非常难以调查成功的。

随着成功调查一些案件，我们的威信会逐步提高。通过案件调查可以积累一些人脉，企业对我们的信任度也会不断提高。整个团队平稳度过磨合期以后，即在进入企业 3～6 个月的时候，就要开始调查一些比较复杂的舞弊案件，这样才能在半年考核、年度考核中获得比较满意的结果。

第四节
反舞弊体系全局

反舞弊体系全局是个大的概念，本节篇幅有限，仅仅做一些基本的介绍。

一、反舞弊工作三要素

从事舞弊调查的同行或多或少都接触过一些反舞弊体系设计的内容，但是对于反舞弊体系包括哪些组件、各组件如何运作，以及反舞弊体系的设计思路是什么，可能并没有深入了解。

对于反舞弊体系设计，实际上业内并没有统一清晰的架构，这也和反舞弊工作开展时间不长有关。大多数企业的反舞弊工作开始时间晚于 2010 年。在这之前国企中的纪委组织，虽然兼有部分反舞弊的职能，但其不是专职开展反舞弊工作的组织。反舞弊体系的设计立足于各个企业的反舞弊工作需要。根据各个企业的舞弊情况，反舞弊体系设计可以不同。但是，无论如何开展反舞弊工作，大多反舞弊体系的设计都基于三个要素（见图 7.1）。

以风控监督、舞弊审计为情报来源，以舞弊调查为核心手段，全方位打击舞弊行为

不敢腐
风控监督、舞弊调查、审计

不能腐
规范流程和制度，制衡权力

反舞弊体系设计三要素

不想腐
廉洁宣教、廉洁环境、合理报酬

以制度建设为重点，完善制度建设，强化责任意识，制定预防措施，将权力锁进笼子

时常组织廉洁宣教，警钟长鸣。相对公平公正的企业内部环境，合理正向的劳动报酬，促使员工远离舞弊

图 7.1　反舞弊体系设计三要素

三个要素相辅相成，互相依托。

相对完善的制度流程、适度分权的治理结构、切实落地的合规管理是反舞弊工作的前提和保证。

对高危舞弊风险事项、高危舞弊风险组织、高危舞弊风险人群开展日常监督和常规审计，可以将舞弊风险控制在前端，同时为舞弊调查提供线索和方向。建设具备全面调查能力的舞弊调查组织，切实查处各类舞弊线索，惩处涉嫌违法违规的舞弊人员，是反舞弊工作的核心和根基。

通过触达末端的舞弊宣教、相对合规的日常经营、持续不断的舞弊打击，最终营造出相对公平的企业内部生态环境。结合企业给予员工正向的激励和合理报酬，将最终使得大部分员工远离舞弊。

很少有企业在反舞弊工作中能够同时在这三个要素上做好。大多数企业都无法提供足够的资源让舞弊调查组织能够在三个要素上同时开展工作。

一般制度流程管理和治理结构调整属于内控合规范畴，不在舞弊调查组织的工作范围内，舞弊调查组织只能不断进行舞弊调查，揭示舞弊风险来促使内控合规管理水平的提升。通常舞弊调查组织开局最容易自主掌握的工作是舞弊调查。因此一般反舞弊工作的开局，都是选取某些线索开始舞弊调查。对于企业内部环境的公平性，舞弊调查组织是可以通过自己的工作做出正向影响的，但是如果舞弊调查组织不能坚持公平公正，而变成管理层排除异己的工具，那么将会对企业内部环境造成非常重大的负向影响。

二、反舞弊体系工作模块

从三要素出发，常见的反舞弊体系工作模块如图 7.2 所示。

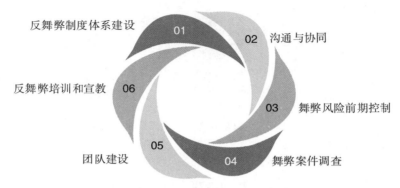

反舞弊制度体系建设　01　02　沟通与协同

反舞弊培训和宣教　06　03　舞弊风险前期控制

团队建设　05　04　舞弊案件调查

图 7.2　反舞弊体系六大工作模块

1. 反舞弊制度体系建设

反舞弊制度体系建设主要围绕着反舞弊相关的核心制度展开，比如与舞弊调查密切相关的投诉、举报制度；员工奖惩制度；与舞弊风险控制紧密相关的阳光申报制度、采购管理制度、离任审计制度等。尤其是与舞弊调查密切相关的制度，一旦出现重大的错漏，舞弊调查工作的某些环节会出现明显的"卡点"，严重影响舞弊调查和后续处置。

2. 沟通与协同

反舞弊工作的第一责任人是员工，各个部门的主要负责人是各个部门反舞弊工作开展的主要负责人。反舞弊工作做得好，除了得益于舞弊调查组织的努力外，还得益于这些部门自发性地开展反舞弊工作。反舞弊工作分为事前、事中、事后三个阶段，无论在哪个阶段，舞弊调查组织都需要其他部门的协作和大力支持。同时，为了适应企业业务的不断发展，需要不断调整反舞弊工作的重心和方向，还必须随时了解企业管理层及业务对反舞弊工作的需求，根据企业发展战略不断调整反舞弊工作，这些都需要舞弊调查组织持续开展沟通与协调工作。

3. 舞弊风险前期控制

舞弊调查追回的损失只占舞弊造成损失的一部分，甚至是很小的一部分。对大多数企业来说，反舞弊工作效费比最高的方式一定是舞弊风险的前期控制。如果企业只关注舞弊调查，也就是对舞弊的打击工作，不注重内控合规管理，不做好舞弊风险前期控制，在现有的司法环境下，舞弊调查组织很难挽回企业的所有损失。只注重舞弊调查，不注重舞弊风险控制的工作方式很容易导致舞弊风险愈演愈烈，最终导致企业反舞弊工作体系崩溃。

4. 舞弊案件调查

毋庸置疑，案件调查工作是舞弊调查组织的核心工作。案件调查工作开展不顺利，反舞弊工作的其他模块都会失去立足的根本。反舞弊就是与人做斗争，必须秉承"大棒加胡萝卜"策略。如果经常不能查实舞弊线索，不能对舞弊分子进行打击，那么舞弊调查组织很快就会失去话语权和公信力，也会失去对其他部门的制衡和约束。每调查成功一起舞弊案件，都会震慑到有这类舞弊行为的舞弊嫌疑人，前期的舞弊风险控制和后期的舞弊风险闭环控制也会更加容易落地。

5. 团队建设

舞弊调查团队是需要不断培养和迭代的。随着舞弊调查工作的不断开展，舞弊嫌疑人的反侦察能力会逐步提高，舞弊行为愈加隐蔽，舞弊调查工作愈加困难。因此，舞弊调查组织必须重视团队培养，不断提高团队能力，这样才能适应不断变化的舞弊形势，才能适应企业对反舞弊工作的更高要求。

6. 反舞弊培训和宣教

反舞弊培训和宣教是对企业文化的正向引导，也是对舞弊分子的一种震慑。强力的舞弊调查配合适当的反舞弊培训和宣教，能够很好地遏制舞弊行为。这也是营造公平公正的企业内部生态环境的必要手段。

当然，反舞弊体系不是仅有这六个工作模块，这六个工作模块也不是必须同时开展。根据各个企业对反舞弊工作的不同要求，依托于各个企业的实际发展情况，通常可以选择开展其中一部分工作。反舞弊工作体系建设与职能模块设计也可以对标行业内其他优秀的企业。但是，无论怎么设计，都是尽可能从事前、事中、事后三个维度，全流程控制内外部舞弊风险。

三、与反舞弊工作相关的制度体系

在前文的舞弊调查工作的闭环处置部分提到了一部分与反舞弊工作相关的制度。从实践角度来讲，反舞弊工作相关的制度体系包括一系列的相关制度，这些制度主要分为以下几类。

1. 与舞弊调查和闭环处置相关的核心制度

（1）员工职业行为准则。

（2）员工奖惩制度。

（3）投诉、举报管理制度。

※ 未完全列举。

2. 与舞弊案件风控相关的外围制度

（1）招待宴请、礼品礼金政策行为指引。

（2）阳光申报和回避管理制度。

（3）信息及网络安全管理办法。

（4）员工廉洁协议。

（5）员工竞业协议。

（6）人员晋升与离任审计制度。

※ 未完全列举。

3. 舞弊调查组织的内部工作制度

（1）审计、监察内部工作手册。

（2）调查工作指导书。

（3）审计、监察工作纪律。

※ 未完全列举。

4. 与高危舞弊风险相关的业务流程制度

（1）采购管理制度。

（2）供应商管理制度。

（3）销售管理制度。

（4）商业合作伙伴廉洁协议。

※ 未完全列举。

需要特别关注这些制度中对开展舞弊调查工作有重大影响的制度，如员工职业行为准则和员工奖惩制度。员工职业行为准则和员工奖惩制度是舞弊调查所依据的企业内部"法"。员工职业行为准则类似于约束员工行为的"宪法"，员工奖惩制度的作用类似于约束员工行为的"刑法"。除涉及违反国家法律的事项外，调查时必须围绕着其中的违规违纪事项展开，定性时必须依据其中的惩罚措施执行。如果这些制度中存在重大错漏、存在模糊不清的条款，将会严重影响舞弊调查工作的开展。

需要注意的是，某些违法案件的定性与企业内部的管理规定密切相关，对部分罪行的定性，在企业内部制度里也必须有前置约定。对部分违规人员的惩罚，也必须在企业内部制度里有前置约定。例如，涉及利益冲突的违纪事项，如果在企业内部制度里没有针对利益冲突的相关规定（阳光申报和回避体系），舞弊调查人员如果对涉及利益冲突的员工做出处罚，那么可能在劳动仲裁时败诉。

舞弊调查组织内部也必须有严格的制度。舞弊调查组织的调查权本身就有超越其他组织权限的属性。严格的工作纪律和工作流程是对舞弊调查组织合理约束的前提和保证，否则舞弊调查组织中的某些人员完全可以利用调查权来获取很多不当利益。舞弊调查组织内部的相关制度也是保证舞弊调查组织正义性和调查工作正当性的必要条件。

与高危舞弊风险相关的业务流程制度，主要是出于企业内控和舞弊风险控制的需要而制定的，是反舞弊工作体系中重要的组成部分。但是这部分制度通常由各个部门自行制定，反舞弊组织可以对相应的制度提出合理化建议，推动这些制度不断完善。

四、与反舞弊工作相关的惩罚体系

惩罚体系是反舞弊工作闭环的中心环节。随着企业的发展，企业对惩罚工作会形成一种由浅入深的认知，从而促使企业不断调整惩罚体系。常见惩罚体系参见图 5.1。

第五章已经简单介绍了处罚体系发展的趋势和原因，企业可以根据自身实际情况，制定出适合反舞弊工作的处罚体系。需要注意的是，企业的处罚体系不仅包括与舞弊相关的内容，除舞弊行为对应惩罚外，还可能在劳动纪律、管理失职、保密等相关方面有对应的处罚条款。在很多企业里，舞弊调查组织也兼顾处置工作。受篇幅所限，本书没有按照这些分类逐一展开，仅就处罚体系的发展趋势进行了简单阐述。

———··· **本章总结** ···———

本章是舞弊调查基础相关内容的最后一章，主要阐述了舞弊调查官的培养路径和反舞弊体系的建立。这些内容可以说是对舞弊调查官最实用的部分。

第八章　调查工作心得体会

　　前文虽然完整记述了舞弊案件调查的工作方法和基本流程，但是从实用性角度来说，对于一些特殊问题的解决仍然没有介绍清楚。案件调查本质上是一门经验学科，很多工作经验是对单一事项的领悟。这些经验是零碎的、发散性的，很难按照某个体系对其归纳总结，但是这些经验又在很大程度上影响了调查的成败，代表了舞弊调查人员的工作水平。

　　为了尽可能地收录一些实用的经验，本章特收集整理了几篇过往的调查工作心得体会，这些心得体会都立足于案件调查实践，并且尽量呈现出更多的案件细节，希望对各位读者有所帮助。

第一节
浅谈商业合作伙伴尽职调查

有关对商业合作伙伴尽职调查（以下简称"尽调"）的文章很多，审计和内控各自都有成熟的体系。笔者在刚刚开始这项工作时，也借鉴过这些成熟的体系。但是开展这项工作的时间久了，慢慢地发现了一个现实，那就是尽调难度呈现上升趋势。

一般来说，笔者在开展尽调工作时，成果大多是在暗访时获取的。暗访尽调有以下几个特点：

（1）尽调内容灵活多变，主要调查实际经营中的真实场景；

（2）获取资料相对真实，被尽调对象难以针对尽调内容作弊；

（3）获得信息相对复杂，依赖于尽调人员的分析能力；

（4）周期越长越真实，数据越多越能说明问题。

下面介绍暗访尽调中的关键事项。按照惯例先讲一个案例，再根据本案例，总结出方法论。本案例已经做脱密处理，如有雷同，纯属巧合。

A 公司是一家著名的家用电器公司，生产数十种家用电器。在 A 公司的部分产品中，有一个关键的通用部件 X。A 公司一般从 C、D 两家供应商处采买通用部件 X。C、D 两家供应商与 A 公司合作多年，合作过程中一直没有出现什么问题。2020 年年初，A 公司产品中的通用部件 X 突发大范围质量问题，经 A 公司质量部门研判，出现质量问题的通用部件 X 均为供应商 C 的产品。在后续处置过程中，A 公司要求供应商 C 进行调换维修，但是并没有根据双方合同约定向供应商 C 进行追偿。

供应商出现了大范围质量问题，但是只要求其售后，不追偿。笔者作为舞弊调查人员，综合分析认为这里可能存在舞弊问题，于是对通用部件 X 的供应商进行了全面调查。

通过对供应链系统和财务支付系统内数据的全面分析，笔者发现通用部件 X 实际有 C、D、F 三家供应商，但是笔者并没有在供应链系统内发现有关供应商 F 的任何信息（仅在财务支付系统内找到相关支付记录和部分订单信息）；既没有发现供应商 F 的采购合同（有部分订单信息），也没有发现对应的审批流程记录。

笔者使用天眼查系统对供应商 F 进行查询，发现供应商 F 注册资金不足 200 万元，注册时间不满 3 年，并不符合 A 公司的供应商准入条件。初步判断，A 公司供应链管理部门引入供应商 F 过程不合规，绕过了供应商准入流程，可能涉嫌私自引入供应商。

为了进一步调查案情、落实证据，笔者从供应链系统的一张采购订单内找到了供应商 F 的联系方式和实际办公地，在没有通知供应商 F 的情况下，笔者和同事前往供应商 F 的实际办公地进行了暗访。供应商 F 的办公地在浙江某地一个村子里，使用的是村办企业的部分厂房。笔者的同事比较年轻，化装为找零工的流水线工人，混进了这家工厂。

供应商 F 的实际生产场所现场是这样的：

生产场所面积类似一间普通的教室，现场工作人员约十几个人。工厂内生产的确实是供应给 A 公司的通用部件 X，但是现场没有生产加工设备。现场十余名工作人员主要在做包装、封箱的工作。

除了生产规模很小以外，笔者的同事并没有发现其他问题。笔者的同事在结束暗访后向笔者详细描述了现场情况。笔者总觉得有所遗漏，于是又亲自进入这个村办企业寻找线索。在暗访过程中，笔者在这个生产场所附近的库房里发现了一些特殊的物品。

笔者发现这个生产场所的库房内、厂房门口堆满了包装箱，包装箱上清楚地印着供应商 C、D（C、D 均为 A 公司供应商，提供通用部件 X）的标识，包括商标、通信地址、联系电话等。

这些包装箱有部分已经封装完毕，准备对外发货。笔者当即就对这些情况进行了拍照取证，之后迅速离开了供应商 F 的厂房。

这些包装箱能否证明供应商 F 实际是供应商 C、D 的代工厂 / 直属加工厂？笔者进行了深入的思考，思考逻辑如下：

供应商 C、D 是国内知名厂商，有自己的质控管理体系，对代工厂 / 直属加工厂肯定有相应的治理和管理措施（通常会派驻质检人员）。供应商 F 这个厂房过小，也很偏僻，产能也不大。出于成本和质量控制的考虑，供应商 C、D 不太可能选取这里作为自己的代工厂 / 直属加工厂。综合上述情况，笔者推测这里可能是生产伪劣产品的工厂。

笔者离开以后立即和供应商 C、D 的客服和质量部门进行了沟通，证实供应商 C、D 在当地并无代工厂和直属加工厂，这进一步证实了笔者的上述推断。

暗访结束后，笔者前往 A 公司库房进行实地调查。笔者发现在 A 公司库房内，并没有供应商 F 标识的通用部件 X。供应商 F 配送的通用部件 X 在入库时均被登记为供应商 C 的产品，并且供应商 F 产品的外包装与供应商 C 的相同。笔者立即暂扣了供应商 F 的产品，并进行了质量鉴定。鉴定结论证实供应商 F 产品为假冒伪劣产品。

之后又历经了漫长的调查过程，最终笔者发现是 A 公司供应链采购人员和供应商 C 的销售负责人合谋，违规引入供应商 F，并由供应商 F 提供假冒供应商 C 的伪劣产品。出现质量问题的通用部件 X 均为供应商 F 供货。

后续的闭环处置只需要依法维权，处理相应责任人即可。

从这个案例可以总结出一些通过暗访形式开展尽职调查（尽调）的方法。

1. 找准尽调的时机

开展尽调的时间要避开原定的现场考察的时间。如果确定了对供应商开展现场考察的时间，那么就在原定考察日期之前或之后，间隔超过 1 个月以上进行尽调。此时是比较好的现场暗访时机。如果被尽职调查的人员在现场考察时作假，也不可能持续作假这么长的时间，毕竟作假也需要成本。

2. 注意难以作假的尽调细节

尽调中要注意那些难以作假的尽调细节。虽然厂房可以租赁，工人可以临时雇用，产品可以借用，但是实际生产中有很多细节问题却是难以掩盖的。举例来说，正常生产的生产性企业必定会消耗很多生产资料，产生很多生产废料，可以观察到运输生产资料和废弃物资的物流车辆进出。长时间关注的话，完全可以从物流车辆的进出数量、进出员工的数量、工厂耗电量等来粗略推断生产性企业的实际产能。

3. 利用周边的商户和附近人群

在通过正式拜访形式开展尽调工作时，获得的信息和情报往往是经过筛选过滤的。为了获得更真实的信息，舞弊调查人员一般还会对商业合作伙伴周边的商户开展暗访调查。周围的一些小饭馆、小商店的相关人员，往往在舞弊调查人员购买一些商品后，愿意向舞弊调查人员透露一些尽调对象的信息。而这些信息，又往往是尽调对象的员工在日常工作和生活中透露出来的，因此更加贴近尽调对象的实际经营情况。同理，门口的环卫工人、附近街道的大爷大妈往往也是开展尽调时比较好的调查对象。

4. 关注尽调现场那些不符合常理的细节

在尽调现场经常能够发现一些不符合常理的小细节，这些细节往往都反映了一些真实问题。例如：

- 生产车间呈现与其规模、管理水平不匹配的整洁；
- 原材料与产品的进出与尽调方报称产能不匹配；
- 办公场所内出现多个不同品牌标识或是产品；
- 办公场所温度不适宜办公；
- 快递发放地址与实际办公地址不匹配；
- 发货地址上存在另一个公司；

······

诸如此类，无法一一列举。想要识别这些不符合常理的细节，就需要舞弊调查人员对尽调企业所处行业非常了解，清楚行业行规和相关技术规范；同时，还需要舞弊调查人员具有丰富的尽调实践经验。

　　浑水公司做空瑞幸咖啡时，使用的也是类似的尽调方法。浑水公司的尽调团队对瑞幸咖啡的全国门店进行了暗访。尽调团队通过搜集门店顾客的消费小票，核查进入门店的实际顾客数量，统计门店使用的一次性杯子数量等尽调方法，获得了瑞幸咖啡的真实经营数据。

　　在企业尽职调查工作中，最朴实的手段，往往能够获得最真实的信息。

第二节
舞弊调查中的保密策略

　　保密问题贯穿舞弊调查工作的始终，对整个工作的开展和走向有着重大影响，处理不慎甚至可能导致整个调查工作的失败。

　　一些热播的写实性影视侦探剧，为了追求真实性和可看性，在剧中将很多调查手段和调查策略真实地展现到了普通大众的面前。这对舞弊调查人员和舞弊嫌疑人来说，无疑是一柄双刃剑。舞弊调查人员可以通过观看写实性影视侦探剧学习其中的调查方法和调查思路；舞弊嫌疑人同样也可以通过研究这些剧集中的情节，学习如何消灭证据，掩盖舞弊行为。

　　同理，开展舞弊调查工作一段时间后，既定的调查思路就会慢慢被舞弊嫌疑人获知，舞弊嫌疑人的反侦查能力也会随之提高。

　　舞弊调查工作开展一段时间后，舞弊嫌疑人的作弊手段越来越隐蔽，反侦查意识越来越强，这对调查工作是一项巨大的挑战。为了尽量减少舞弊嫌疑人磨灭证据、串通的机会，保密工作因此逐步上升到了非常重要的地位。甚至整个调查策略、工作流程都要围绕着保密工作设计。

　　至此，舞弊调查工作经常会陷入两难的境地。需要调取资料，生怕舞弊嫌疑人察觉；需要对员工访谈，担心舞弊嫌疑人知悉；需要其他部门配合，顾虑走漏风声。但是不开展上述工作，又无法查明事实，落实证据。很多同行往往由于这种困局，举步不前。下面就谈一谈舞弊调查中的保密策略。

首先，我们要清楚一个事实，在舞弊调查中"保密"这个词是个相对概念，"泄密"才是一个绝对概念。也就是说，无论采取何种保密措施，泄密都是必然的，只是时间早晚的问题，后续的保密策略都是基于这个基本事实展开的。

其次，既然"泄密"是绝对的，那么我们必须研究舞弊嫌疑人获悉我方情报的可能渠道，这样才能尽量让我方处于有利地位。舞弊嫌疑人获悉我方调查方向、思路的渠道有以下这些。

- 审计开始前，会发布审计通告，这给了舞弊嫌疑人准备时间（调查一般不发通告）。
- 调取资料时，资料获取流程泄露（可能涉及调取资料时的相关经手人）。
- 了解业务（内部）时，沟通过程被舞弊嫌疑人知悉，其预判我方调查意图。
- 开展访谈、询问（内部）时，访谈内容被舞弊嫌疑人知悉，其预判我方调查方向。
- 进行出差、报销审批时，审批流程泄露，舞弊嫌疑人获悉我方调查目的地。
- 汇报调查工作时，汇报内容被舞弊嫌疑人知悉。
- 外部调查时，暴露自身真实情况，调查行为被舞弊嫌疑人知悉。
  ※ 未完全列举。

除此之外，还有很多泄密途径。需要注意的是，无论内部调查还是外部调查，泄密的途径都源于人，离开人这个信息载体，调查情报很难被泄露。

最后，参考这些泄密的途径，事实上舞弊调查人员可以找到一个相对严密的保密策略，保证自己的调查工作顺利开展。以下保密策略仅供参考。

第一，分析保密的形势，主要是分析舞弊嫌疑人已知悉我方哪些信息，以及可能泄露我方信息的途径。

第二，对于已经泄露的信息，研究可能有哪些负面影响，比如对方可能根据这些信息推断出哪些调查方向，可能消灭哪些证据，与哪些人串通。

第三，通过预判这些可能，在舞弊嫌疑人开展上述活动前，尽量迅速搜集对应证据，或是预判哪些证据不会被消灭，获取这些证据并找到舞弊嫌疑人还没有串通的证人。

第四，遵循从外部调查到内部调查、从外围人员到舞弊核心人员的基本顺序，能够最大限度地减小泄密风险。

第五，通过研究可能的泄密途径，尽可能地绕开泄密途径；如果该途径是必经途径，那么可以运用多种手段掩盖实际调查内容。常见的方法如下。

- 将舞弊调查掩盖在常规审计中。
- 将某个重大舞弊调查掩盖在日常监督抽查中。
- 主动释放一些信息，将舞弊嫌疑人引向错误方向。例如，需要调查 A 事项，放出要调查 B 事项的信息。再如调查仍在继续，但是放出调查已经结束的信息。

第六，时刻谨记，**畏首畏尾没有实际意义。泄密无法避免，在舞弊嫌疑人做出反侦察行动前，获得证据和事实，尽量减小泄密可能性，化被动为主动，只有这样才能更好地处理舞弊调查中的保密问题。**

我们来看一个实操案例。

现在有举报称市场部负责人贪腐，控制供应商 A、B、C 来承接公司市场推广等业务，从供应商处获利。调查部门开始工作前，该举报事项已经在公司高管会上传达（未传达具体内容，只传达了市场部负责人可能贪腐的事项），舞弊人员已经有所察觉。那么，后续如何开展工作？

第一，要判断舞弊人员对举报内容的获悉程度，判断哪些基本信息已经泄露。

第二，该事项已经无法保密，那么后续策略就是预判舞弊人员的反侦察手段，尽量快速搜集证据和获得舞弊事实。舞弊调查已经不用遵循从外到内的调查顺序，迅速固定证据，找到证人才是关键。

第三，第一时间调取供应商 A、B、C 的相关采购合同、审批流程等，开展审计工作，寻找合规问题和不合理事项。

第四，尽快与参与采购的相关人员开展访谈，访谈时要更加关注细节，扩大访谈对象范围，以便找到未与舞弊人员串供的证人。

第五，关注无法改变、无法消灭的证据，以及不会配合舞弊人员的证人。

阵而后战，兵法之常；运用之妙，存乎一心。舞弊调查人员应以攻为守，料敌机先，方能在舞弊调查工作中得心应手，大获全胜。

第三节
破解舞弊嫌疑人的反侦察策略

泄密以后应尽快找到那些还未被舞弊嫌疑人消灭的证据，找到那些舞弊嫌疑人还未来得及串供的证人。那么，如何破解舞弊嫌疑人的反侦察策略？常见的做法如下。

首先，了解舞弊嫌疑人常用的反侦察策略。

常见的策略主要有两类。

（1）舞弊嫌疑人只要将关键证据消灭，掐断获得证据的途径，或是伪造一些关键证据，就能有力阻碍舞弊调查人员的调查工作。

（2）对于一些关键事实，舞弊嫌疑人可以通过限制知情人的范围，统一知情人的叙述，最大限度地减少矛盾陈述，从而达到蒙混过关的目的。

其次，通过分析常见的反侦察策略，舞弊调查人员可以找到反侦察策略的破解方式。

破解方式便是找到证据。

（1）找到尚未被销毁的关键证据。

（2）识别伪造的证据。

（3）找到还未被串供的证人／愿意诚实作证的证人。

（4）掌握未被串供的舞弊案件细节。

总而言之，就是找到还未被舞弊嫌疑人的反侦察策略影响的证据事实。

常见的破解反侦察策略的思路如下。

（1）舞弊嫌疑人早期还未提高警惕，或是已经有所警惕，但持续一段时间后，会放松警惕，留下未被消灭的证据。

举例来说，在从未开展舞弊调查工作的企业，在舞弊调查人员开展调查工作前，舞弊嫌疑人有很大概率会对舞弊行为不做丝毫掩饰，也不使用任何反侦察手段掩盖舞弊痕迹。在舞弊调查人员开始调查工作后，舞弊嫌疑人已经警觉，但是谨慎一段时间后，未发现对自己不利的事项，舞弊嫌疑人的反侦察意识便会逐步减弱，会逐渐露出一些破绽。在这个时期，舞弊嫌疑人对外传递的信息中如果有舞弊证据，那么极易被固定和获取，且后续也很难灭失。比如舞弊嫌疑人对外发出的电子邮件、在 OA 审批流程上的留痕、各种签字确认的文件等，很难逐一消除。

（2）涉及多个部门多人参与的事件，舞弊嫌疑人很难串供。

通常在企业内部，为了内控的需要，大多数重大事项都需要多部门共同决策，也有很多业务流程要经历多个部门。那么，在这些部门内部，都或多或少留存当时事件的相关资料，也有很多部门员工实际参与。事实上，无论舞弊嫌疑人的管理权限有多大，也无法协调如此之多的部门员工完全统一答复口径。所以只要扩大访谈的范围，加深访谈的深度，更多关注事件的细节，往往可以从基层的参与员工那里获知事实真相。

（3）按照舞弊嫌疑人的思维思考，寻找反侦察策略盲区。

舞弊嫌疑人采取反侦察策略是为了掩盖舞弊事实。在采取反侦察策略的同时，其必定会开展一些活动，这些反侦察活动往往也会留下一些证据。舞弊嫌疑人也会有一些思维漏洞，比如串供时交代不清，反常规地突然销毁了某些档案。这些往往也给舞弊调查人员指明了调查方向。

（4）尽量多地了解舞弊事件，从不同的角度、不同的渠道获悉舞弊事件的事实。了解得越多，越容易识别出伪造的证据、虚构的证词。

下面是一个案例，已经做脱密处理。

A 集团公司是一家大型的金融企业。A 集团公司下属省级分公司有很多公务用车，都配发给公务车司机个人，专车专人使用。××××年××月××日，A 集团公司决定对这些司机开展优化工作，优化过程中出现了一个涉及面很广的严重舞弊问题。有多名公务车司机拆除公务用车内的 GPS 定位器,将公务用车私自开走藏匿,并且拒绝归还。这些司机的目的是通过藏匿公务用车要挟 A 集团公司发放超出法律规定的离职补偿。

这里还有一个小插曲,当时 A 集团公司的舞弊调查组织内,有一名舞弊调查人员是这些司机的"内线",因此这些公务车司机非常了解舞弊调查组织的工作方法和调查手段。所有被藏匿的公务用车,都被第一时间拆除了 GPS 定位器,停放到比较隐蔽的地方,以防止被舞弊调查人员寻获。

此类案件比较棘手,主要难点如下所述。

(1)由于确实存在一定的劳动纠纷,因此直接前往公安机关报案,各地公安机关通常不予受理。藏匿车辆的公务车司机,通过调查组织内部的内线也获悉这个情形,因此藏匿车辆的公务车司机均统一口径,只要 A 集团公司给予足够补偿,就交回车辆。这最终导致舞弊调查人员无法报案。

(2)相关车辆已经拆除 GPS 定位器,无法找到。如果无法寻回这些车辆,藏匿车辆的公务车司机会一直利用这个筹码要求超额的劳动补偿,导致后续谈判陷入僵局。

至此,该项工作基本走入了死胡同。

笔者就在这么一个恶劣的条件下,踏上了寻回第一辆被藏匿的公务用车之路。

藏匿这辆公务用车的司机日常工作、定居在西北某省会,笔者踏上旅途前,先去 A 集团公司申请了被藏匿公务用车的备用钥匙、车辆发票、车辆登记证等,开具了 A 集团公司的介绍信和工作证明,以便找到车辆后,可以进一步开展工作。

到达以后,按照惯例,笔者找涉案司机进行谈判。不出所料,双方很难达成一致,对方索要的补偿已经远超《劳动法》规定的上限。在谈判过程中,涉案司机有恃无恐,态度非常恶劣,多次提到 A 集团公司舞弊调查组织内部有自己的内线,叫嚣着"我与公司有劳动纠纷,警察也立不了案,车我已经藏好了,你们拿我们没办法"。在对方扬扬得意之际,笔者专门向其询问了一些关键信息,并在现场进行了录音取证,以便后续返回 A 集团公司总部调查内部泄密问题。

谈判在非常不融洽的情况下迅速结束了。笔者客客气气地将涉案司机送走后,本想跟踪他(目的是找到车辆停放地),但是发现他非常警惕,加之缺乏足够的舞弊调查人员,跟踪难以取得满意的效果,笔者当即就和同事返回酒店休息了(省级

分公司的其他人员未能提供有用帮助）。

当日 14 时，笔者一行出门寻找被藏匿的公务用车。笔者的同事十分迷惑，这么大的省会，到底去哪里找？笔者故作神秘，直接前往之前已经确定的某个地址。

穿过大街小巷，笔者来到一所大学附近的小区。下车以后，笔者安排同事分头寻找，并明确告知被藏匿车辆肯定在这个小区内。大约 10 分钟后，在一排楼房后面的小巷子里，笔者找到了被藏匿的公务用车。笔者拿出提前准备的备用钥匙打开车门（当然也随身携带了该车相关手续），直接将车驶离该小区。

在驶离该小区前，笔者又与涉案司机通了一个电话，询问对方能否降低补偿要求，仍然被涉案司机拒绝。这时笔者在告知涉案司机被其藏匿的车辆已经被笔者控制后，直接挂断了电话。笔者一路小心地将该车开到省级分公司楼下，移交给省级分公司结案。

在这个案件中，笔者并没有寻求公安机关的帮助，只是利用了舞弊嫌疑人思维上的一个漏洞，就轻易地找到了被藏匿的车辆。下面笔者就阐述一下这个案件的调查思路。

第一，藏匿车辆的公务车司机的目的不是变卖或占有，而是为了要挟公司换取超额补偿，因此该车一定未被出售（出售涉嫌违法犯罪）。

第二，藏匿车辆的公务车司机，既要防止公司寻回该车，又要防止该车被盗、损毁，以免触犯《刑法》相关规定。因此，该车一定被藏匿在涉案司机每天可以方便查看，并且比较隐蔽的安全场所。按照这个逻辑，该车大概率藏匿于其工作单位附近或是其日常居住地附近。

第三，涉案司机在拆掉公务用车 GPS 定位器前，并没有办法预见后续会和公司发生纠纷。该车属于专人专车，因此在案件发生前，涉案司机会驾驶该公务用车来往于自己家、父母家、妻子的公司、孩子的学校等。这个时期的 GPS 定位器均是正常工作状态，GPS 轨迹都可以在 A 集团公司系统内查到。其 GPS 轨迹呈现这样一种规律：

每晚 9 时至早晨 6 时之间，该公务用车 GPS 轨迹汇集点是涉案司机家庭所在地附近（晚上回家居住）；每个工作日该公务用车 GPS 数据里除公司以外的轨迹汇集点，就是该公务车司机常去的地址（如他妻子的公司、孩子的学校等）；每个周末

GPS 的汇集点，可能就是该司机常去的休闲购物商场等。

故此，整理出被藏匿车辆历史的 GPS 轨迹汇集点，就可以找到该公务车司机经常出没的场所。

第四，调查了解到涉案司机是本地人，有本地住房（居住地址未在 A 集团公司内登记；分公司内也没有其他员工知悉该公务车司机居住地址），大概率涉案司机不会因此事搬家。依据其常住地附近是最有可能的停放地的推理，笔者搜集了被私占车辆每晚 9 时至早晨 6 时常见 GPS 轨迹汇集点，这个汇集点也就是该涉案司机的家庭所在地（常用停车地）。

第五，据了解，涉案司机已经找到了其他工作，那么 15 时至 17 时之间，涉案司机大概率会在外工作，使用备用钥匙可以安全开走被藏匿车辆（被涉案司机发现的概率极低）。当然，就算被涉案司机发现，笔者也可以直接报警处理，因为笔者随身携带车辆手续，获得了 A 集团公司的相关授权，能够证明车辆的归属权，警察到现场后也会协助笔者追回车辆。

基于上述考量，笔者事先搜集了被藏匿车辆每晚 9 时至早晨 6 时的 GPS 汇集点，直接前往该地点寻找被藏匿的车辆。就是在这最可能的地点，笔者找到了该车，顺利地完成了 A 集团公司交代的工作。

A 集团公司舞弊调查组织内那名内线的泄密行为实际起了反作用。该人不仅给涉案司机进行了普法，还将笔者从业经历（离职警察）、常用的调查方法、出发时间等信息透露给涉案司机。这些信息导致涉案司机心中十分恐惧，选择了自认为最安全的地方藏匿了该车，否则笔者还真不一定能这么快地找到车。

第四节
调查一起职务侵占案的工作反思

一、案情概述

（本案例已做脱密处理，请勿对号入座，如有雷同，纯属巧合。）

谭某是 A 公司的一名中层管理者，年收入近百万元，事业小有所成。

谭某的职业生涯是从一家国内某知名汽车公司开始的。这家公司以严格的廉洁管理著称，对于贪腐行为，采取零容忍的态度，涉及违法的一律报送司法机关。在这家汽车公司，谭某一直是个洁身自好的员工，对于合作伙伴和供应商送来的礼品礼金一律拒收。他明白自己作为一名供应链采购人员的底线，也亲眼见到了很多失足员工的下场，那些员工被司法机关带走的场面，真是让人触目惊心。

谭某凭借过硬的专业、顺畅的沟通能力和聪明的头脑，很快就从一名基层员工成长为一名业务骨干，之后跳槽到一家创业型公司。这家公司的内部控制十分宽松，几乎不关注廉洁管理。谭某在充分发挥自己能力的同时，他的心思逐渐"活络"起来，对于供应商超规格接待也从一开始的拒绝，变成了慢慢接受。

灯红酒绿、纸醉金迷的生活，让谭某不由自主地陷入其中，不能自拔。他的欲望慢慢膨胀起来，他逐渐不满足于正常工资，强烈地渴望不劳而获。

随着职位的逐步提高，谭某的权限也不断扩大。谭某发现很少有人核查自己的相关费用。他从朋友处找到的用餐发票，也能以招待宴请为由进行报销。与此同时，由于沉迷于奢侈的生活，并且沾染上赌博恶习，谭某的个人财务问题，也变得越来越严重。

为了参与赌博、满足自身奢侈的生活，谭某利用自己经常出差的机会，疯狂搜集出租车票，虚开各类发票，并将这些票据用于报销出差费用。谭某的种种行为逐渐引起了公司管理层的注意，毕竟一个月报销几十万元的费用，实在是太不合常理了。

虽然公司是初创型公司，没有那么多条条框框，对于各种发票的审核，也没有那么严格。但是所有费用要用于公司公务活动是公司费用报销的底线，谭某的行为明显已经离这条线太远。

在某年年终的审计工作中，公司管理层接到了多个有关谭某侵占公司资金、虚假报销的举报，管理层非常重视，责令公司反舞弊部门对此事进行重点调查，谭某的腐败行为彻底暴露在阳光下。

经过调查统计，谭某每年仅打车一项，就报销了近 80 万元人民币。而用于吃饭宴请等费用，更是惊人，这些钱最终都变成了谭某的个人开销。经过最终统计，谭某一年的报销费用约人民币 300 万元，给公司带来了巨大损失。

经过访谈，谭某承认了虚假报销的舞弊事实，交代了报销所用的票据来源。而谭某的违法所得，大部分用于其参与赌博和维持奢侈的生活，已经所剩无几。

次年的春节前，因涉嫌职务侵占罪谭某被司法机关从公司带走。

他面临的，必将是法律的严惩。

二、本案调查思路

通过分析公司相关举报信，舞弊调查人员初步判断，谭某利用职务便利，虚构事实，侵占公司资金，涉嫌职务侵占罪。

既然涉嫌职务侵占罪，那么顺着资金流向开展取证工作，能快速地获得关键证据（谭某的违法所得）。当然在开展调查时还要注意职务侵占罪的法定要件，搜集相关证据，组成完整证据链。

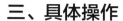

三、具体操作

（一）第一个阶段：舞弊调查人员内部调查阶段

1.核实谭某员工身份

认定谭某行为涉嫌职务侵占罪的要件之一是谭某是 A 公司员工。证实谭某是 A 公司员工所需的证据材料包括但并不仅限于谭某本人与公司签订的劳动合同、谭某的工资发放记录、社保缴纳证明等。舞弊调查人员通常可以从人力资源部门处获得上述文件。

2.找到可疑的费用报销事项

确定谭某身份后，就需要对谭某费用报销事项进行全面审计，寻找可疑费用报销事项，这里又分为几个步骤。

（1）调取所有谭某费用报销财务数据，找到对应的审批流程记录。

（2）对谭某的费用报销事项进行全面审计，寻找可疑费用报销事项，此时要关注谭某提供的报销发票与其实际工作情况是否存在明显矛盾。

谭某的费用报销中所用的发票主要是各类餐饮发票（招待宴请）和出租车发票。对应的公务事项就是招待宴请和差旅出行（打车）。舞弊调查人员可以通过发票比对和实地调查来确定可疑的费用报销事项。

例如，调查发现开票餐厅、开票日期与谭某差旅行程矛盾，同一时间出现多张出租车票等。这些矛盾点对应的可疑发票和审批流程记录就是关键证据，后续也需要搜集整理。

3.确认舞弊事实，计算公司损失

舞弊调查人员找到可疑费用报销事项，整理搜集相关证据后，就可以对谭某进行压力访谈，向谭某逐一核实哪些费用报销事项为虚假报销。在与谭某访谈过程中，可疑费用报销事项需要舞弊调查人员与谭某来回质证，直至所有可疑费用报销事项都被核实清楚，落实谭某每一笔虚假报销事项。

在这个阶段，舞弊调查人员要结合谭某的陈述和掌握的证据计算谭某虚假报销总金额。

4. 证据的固定与搜集

（1）谭某利用职务之便的证据。

- 谭某的劳动合同、工资发放记录、社保缴纳证明等。
- 谭某虚假报销事项对应的审批流程记录、往来邮件、聊天记录等。
- 谭某虚假报销事项对应的发票、水单等。

（2）谭某非法占有企业财物的证据。

这类证据主要是公司给谭某的银行转账记录，以及公司财务打款时的对应公司内部审批记录（对应虚假报销事项）。银行转账记录可以在公司所在银行的开户行调取。该银行转账记录与后续警方所调取的谭某个人银行入账记录都是关键证据。

5. 调查结果上报和下一阶段准备工作

舞弊调查人员在公司内的调查工作结束后，应将调查结果上报，请示主管上级下一阶段工作，通常可以通过民事途径或刑事途径进行维权。在这个案件中，A公司就选择了刑事途径进行维权。

（二）第二个阶段：移交司法机关阶段

在A公司做出通过刑事手段维权的决策后，舞弊调查人员整理好报案材料前往有管辖权的公安机关报案。

《公安机关办理刑事案件程序规定》第十五条规定了公安机关的管辖权："刑事案件由犯罪地的公安机关管辖。如果由犯罪嫌疑人居住地的公安机关管辖更为适宜的，可以由犯罪嫌疑人居住地的公安机关管辖。"本案例中的犯罪地包括谭某购买、搜集发票的地区，以及谭某实施虚假报销行为的地区等。当然，谭某工作的公司所在地也属于犯罪地的范畴。根据这类案件的性质，一般会优先选择受害公司所在地公安机关报案。

在公安机关正式受理立案后，舞弊调查人员需要做的主要就是配合公安机关取证，提供案件需要的相应证据材料，以支持后续的司法执法工作。公安机关调查结束，会将案件报送检察院。

案件报送至检察院后，检察院开展审查起诉工作，通常检察官会劝导犯罪嫌疑人主动赔偿受害人损失以争取宽大处理。此时 A 公司的舞弊调查人员也可以提出受害公司一侧诉求，如要求谭某退回侵占赃款、赔偿公司损失等。后续法院开庭审理做出判决，犯罪嫌疑人谭某退赔 A 公司损失，案件的司法处理阶段也就基本结束。

案件虽然取得了圆满成功，但是从案件中暴露出来的管理漏洞不容小觑，后续管理闭环工作仍然任重道远。只有从"事前""事中""事后"多个环节加强对舞弊的预防和管控，才能尽量避免此类案件的再次发生。

《刑法》的相关规定（节选）

第二百七十一条　公司、企业或者其他单位的工作人员，利用职务上的便利，将本单位财物非法占为己有，数额较大的，处三年以下有期徒刑或者拘役，并处罚金；数额巨大的，处三年以上十年以下有期徒刑，并处罚金；数额特别巨大的，处十年以上有期徒刑或者无期徒刑，并处罚金。

国有公司、企业或者其他国有单位中从事公务的人员和国有公司、企业或者其他国有单位委派到非国有公司、企业以及其他单位从事公务的人员有前款行为的，依照本法第三百八十二条、第三百八十三条的规定定罪处罚。

第二百七十二条　公司、企业或者其他单位的工作人员，利用职务上的便利，挪用本单位资金归个人使用或者借贷给他人，数额较大、超过三个月未还的，或者虽未超过三个月，但数额较大、进行营利活动的，或者进行非法活动的，处三年以下有期徒刑或者拘役；挪用本单位资金数额巨大的，处三年以上七年以下有期徒刑；数额特别巨大的，处七年以上有期徒刑。

国有公司、企业或者其他国有单位中从事公务的人员和国有公司、企业或者其他国有单位委派到非国有公司、企业以及其他单位从事公务的人员有前款行为的，依照本法第三百八十四条的规定定罪处罚。

有第一款行为，在提起公诉前将挪用的资金退还的，可以从轻或者减轻处罚。其中，犯罪较轻的，可以减轻或者免除处罚。

《公安机关办理刑事案件程序规定》的相关规定（节选）

第十五条　刑事案件由犯罪地的公安机关管辖。如果由犯罪嫌疑人居住地的公安机关管辖更为适宜的，可以由犯罪嫌疑人居住地的公安机关管辖。

犯罪地包括犯罪行为发生地和犯罪结果发生地。犯罪行为发生地，包括犯罪行为的实施地以及预备地、开始地、途经地、结束地等与犯罪行为有关的地点；犯罪行为有连续、持续或者继续状态的，犯罪行为连续、持续或者继续实施的地方都属于犯罪行为发生地。犯罪结果发生地，包括犯罪对象被侵害地、犯罪所得的实际取得地、藏匿地、转移地、使用地、销售地。

居住地包括户籍所在地、经常居住地。经常居住地是指公民离开户籍所在地最后连续居住一年以上的地方。

法律、司法解释或者其他规范性文件对有关犯罪案件的管辖作出特别规定的，从其规定。

第五节
舞弊案件中的污点证人

有这样一类人，其并不是直接的舞弊嫌疑人，但是往往帮助舞弊嫌疑人实现利益转移，通常他们能获得一些利益。他们掌握着很多重要的舞弊证据，因此是舞弊案件调查中需要重点关注的对象。

作为利益共同体，这些污点证人和舞弊嫌疑人之间的关系密切，经常构成攻守同盟。舞弊调查人员通过一般的沟通很难攻破他们的心锁，需要运用特别的技巧。

下面讲一个真实案例，案件已经做脱密处理。

××××年××月××日，接到A公司会员管理部门举报，公司内部的会员礼品正在通过淘宝渠道公开销售，涉及金额数十万元，要求监察部门介入调查。接到调查指令后，笔者迅速带领组员开展了工作。

这些会员礼品是通过A公司的会员礼品卡兑换出来的。每张会员礼品卡都近似于提货卡，刮开后可以在A公司电子商城提货。不同类型的礼品卡对应不同礼品，大多是电子产品，价值从100元到15 000元不等。这些礼品卡经常作为公关用品，赠送给不同的公众人士，甚至还有一些对外捐赠。淘宝上贩卖的是兑换出来的实物，而不是这些礼品卡，因此无法直接识别出哪些是被违规销售的会员礼品卡。

当务之急是辨识出哪些是违规销售的会员礼品卡，这里其实有两个简单策略。

一是调查会员礼品卡兑换记录，排查兑换账户、收货人、收货地址，对出现多

个礼品发往同一 / 接近地址，以及一个终端用户兑换多个同类礼品的情况进行筛查（根据会员礼品卡用途，不太可能出现一个用户兑换多个产品的情况）。这里就直接筛选出了某些用户高频次兑换高额会员礼品卡（单卡金额为 15 000 元），并且锁定了被兑换的高额会员礼品卡从公司内部流出的途径，该途径为某子公司总经理。

二是识别淘宝 / 闲鱼上哪些商户以低于 / 接近成本价的价格贩卖 A 公司产品（例如，市场价为 15 000 元的某种型号产品，成本价为 13 000 元，某商户出售价格为 11 000 元）。这类商户的出售价格低于 / 接近公司成本价，其进货来源很可能不正常。舞弊调查人员可以购买一个或多个产品，以验证这些产品的进货渠道（电子产品有编码，可以从 A 公司系统上追踪发货路径），笔者在调查时仅使用了第一个策略。

经过上述操作后，笔者发现山东某地一用户多次兑换 15 000 元的会员礼品卡，并且该用户多次在淘宝上出售该会员礼品卡对应产品（比对发现其售出产品对应来源是用公司发放的会员礼品卡兑换）。这等于已经锁定该用户贩卖会员礼品（先销售会员礼品，然后将会员礼品卡兑换，兑换后直接发给终端买家），但是还未进一步获知对应的会员礼品卡从公司内部违规流出的渠道。经过比对淘宝卖家信息，笔者未发现其与公司内部人员有任何关联。

当发现这些会员礼品卡被非正常兑换时，笔者做出了一个大胆的决定：要求整个配送系统将上述可疑礼品全部叫停，禁止出库。非常幸运，最早发货的货品已经到了终端，但是还未发出。随后联系该淘宝店家，要求其对自己的商品进行解释，配合调查工作。

该淘宝店家实际为末端的收货黄牛，已经从公司内部以 9000 元 / 张的价格购买会员礼品卡数十张（单卡价值为 15 000 元），然后加价卖出，由黄牛自己统一兑换发货。当时扣在物流供应链内的已经兑换的礼品有 20 余件，涉及金额 30 余万元。被扣货以后，该黄牛也尝试过投诉、恐吓、威胁等多种手段，但是均无法实现其获得货品的要求。其间公司内部的客服、物流、公关等也配合做了很多工作。在巨大的压力之下，该黄牛不得不来到北京，配合公司的调查工作。我们从该人处获悉了出货渠道、来往账户，锁定了公司内部的违规人员。由于涉及金额巨大，最后在北京警方的大力支持下，该犯罪嫌疑人被抓获。

在案件的调查过程中，该黄牛起到了十分关键的作用。几乎所有的关键证据均由该人提供。但是在扣留其货品前，该人不配合调查工作。我们也能够理解，黄牛和公司内部人员已经合作了很长时间，暴露出公司内部违规人员也在一定程度上违反了"黄牛"这个行业的潜规则。但是淘宝账户锁死其几十万元的资金，他又无力承担对应的损失。扣货不发，就卡住了他的命脉，他不得不做出配合调查工作的选择。

关键的污点证人经常存在。想要从其嘴里获悉案件的关键证据和主要事实，主要需要研究如何打破利益链条，逼迫其做出配合调查工作的选择。本案例中的扣货处理就是非常典型的处置手段。和污点证人交锋，就好比参与一场艰难的谈判。在谈判桌上，需要使用一些强力的手段，逼迫其与我方达成一致意见。

第六节
通过刑事手段开展企业不良资产维权

企业不良资产处置当中，通过刑事手段维权主要存在三点积极意义。

（1）在不良资产处置案件中，如果涉及邢民交叉的部分能采取刑事手段维权，效果好于单纯使用民事手段维权。

（2）刑事案件侦查过程中采取的刑事侦查手段，可以有效地查明不良资产形成的原因，落实整个案件中的刑事、民事责任。

（3）区别于不良资产的民事救济途径，通过刑事手段维权对于追溯时效和维权成本，在某些方面有一定优势。

下面基于这三点展开论述。

针对第一点的论述如下。

对于不良资产的处置，长期以来，企业主要通过民事诉讼的方式解决，这是常见的法律救济途径，这里不赘述了。

在笔者多次和企业法务部门的座谈沟通当中，笔者发现其实在涉及企业不良资产处置的案件中，有一些案件确实涉及刑民交叉领域的问题。比如在涉及不良资产形成的项目中或者大合同项下的部分分包合同中，存在合同诈骗或者普通诈骗情况。

虽然签订了合同，但是实际乙方并没有履约能力，签订合同的目的就是骗取甲方的合同款项；或是乙方在合同履约过程中，不按照合同约定执行，以次充好，虚报数量，等等。当然按照民事诉讼法律规定，这类行为可以视为合同违约或者商业欺诈，但是相对而言，如果在刑民交叉部分，通过刑事手段进行维权，那么由于刑事手段中的强制措施的存在，以及刑事侦查更强的追溯能力，可能在某些刑民交叉案件中，可以避免民事诉讼中出现的"空壳公司""资金转移""老赖逃遁"等老大难问题。

公安机关的刑事案件侦查工作是有公权力保障的，能够采取很多企业舞弊调查人员不能使用的侦查手段。公安机关在搜集相关证据、查清案件事实、追回相关损失等方面，在涉刑案件中是远超企业的。

同时，在涉刑案件中，对于受害方的申诉，公安机关除了可以追溯法人主体，还可以追溯案件相关人员的刑事责任，对涉及诈骗等刑事犯罪嫌疑人采取刑事强制措施，这种方式实际扩大了追溯救济范围。

针对第二点的论述如下。

任何企业的领导干部，尤其是业务层面的，不太可能都具备专业的法律知识，尤其是涉及刑事案件的法律知识。

所以一部分违法犯罪分子就有了作案机会，他们往往会利用漏洞，实施一些针对企业的犯罪行为，如诈骗、职务侵占、盗窃、行贿等行为，而这些犯罪行为最终会在财务层面给企业造成大量的不良资产和计提坏账。

随着近些年社会法治化进程的加快，不管国家还是企业，都对企业领导干部提出了更高的职业素质要求，尤其是对于一些国企干部，不管日常经济责任审计还是离任审计，都非常严格。对职务犯罪，各企业基本采取零容忍的态度。

对于这类行为所造成的不良资产处置通过刑事手段维权，在笔者看来，有两个好处。

第一，明确主体责任及问题性质。

对于一部分确实是因为知识边界问题，初心是为企业业务考虑，但是由于确实遭遇了恶意合作伙伴欺诈的领导干部，通过刑事手段维权可以更好地明确刑事法律责任。对于因合作伙伴故意欺诈、盗窃等刑事犯罪给企业带来损失，最终造成企业不良资产的情况，通过刑事手段维权可以有效地保护企业管理干部的合法权益，避免过重的责任处罚，造成企业内人人自危，甚至不作为的情况发生。

同时随着案件侦查、起诉推进，可以明确法律责任，对相关恶意合作伙伴犯罪嫌疑人追究刑事责任，要求其对自身犯罪行为负责，对企业损失进行赔偿。

第二，对于确实有问题的干部，涉及刑事犯罪的，依法依规处理，树立企业风清气正的价值观。

在这一点上，我们也要避免部分企业领导干部利用坏账计提、不良资产处置逃避刑事责任，大搞贪污腐败活动。

对于确实存在刑事责任的领导干部，在查清基本事实或者犯罪线索后，企业应及时向具有刑事管辖权的公安机关报案，依法依规对相关情况进行处理。

对于涉嫌职务犯罪给企业造成巨大损失的领导干部，不但要追责其经济责任，要求其对其行为造成的经济损失进行合理赔偿，同时还要追究其刑事责任，以便警醒领导干部，警钟长鸣，使其树立正确的企业经营价值观和职业道德标准。

针对第三点的论述如下。

对于不良资产的处置，自然不能脱离案件整体经济性、效率和成本的综合考量。笔者认为符合刑事立案标准的不良资产处置案件采用刑事手段维权主要有两点好处。

第一，对于企业不良资产案件涉及刑事犯罪的，区别于民事诉讼，通过刑事手段维权可以在多个阶段对企业财产损失进行最大限度的保全和追索。

在公安机关侦查阶段，公安机关可以对涉嫌违法犯罪的嫌疑人相关银行账户申请资金冻结，有效避免嫌疑人转移资金，最大限度避免企业财产损失。

在检察院起诉阶段，嫌疑人可以通过主动认罪认罚和退赃减轻罪责，这样不但减轻了企业资产损失风险，同时也极大地提高了企业追损的效率。

最后在法院阶段，受损企业一方代理律师在案件性质适用的情况下，可以申请刑事附加民事诉讼，对企业在案件中所受损失进行追索。

第二，相对于民事维权途径，满足刑事立案标准的企业不良资产案件，通过刑事手段开展维权处置工作，如果案情清晰、刑责明确，往往可以加快处置速度，提高处置效率，降低维权成本。

企业不良资产的处理是个由来已久的话题，这个问题也是让很多企业，尤其是企业领导干部头疼的问题，刑民共舞，双管齐下，相信会是未来解决这类案件的一个重点突破方向，也是一种更加行之有效的措施。

────────── ∙∙∙ **本章总结** ∙∙∙ ──────────

　　本章介绍了笔者在舞弊调查工作中的一些心得体会，这些都是笔者多年实践经验的总结，希望对读者开展实务工作有所帮助。

后 记

做反舞弊这项工作，最开始需要回答三个问题。

一、这项工作有什么价值

通常来看，在反舞弊工作领域，不管你是在审计、监察岗位，还是在合规、法务岗位，都会面临相同的问题，即这项工作有什么价值，怎么才能做得更好。

不管做反舞弊调查工作，还是做反舞弊顶层设计工作，其核心价值都是向用户交付超越他们期待的产品。

不管杀一儆百还是挽回损失，抑或是设立"防火墙"体系，进行价值观传播，进行企业内部系统共建和外部司法系统共建，这些工作的本质是交付符合用户需求的解决方案。

不管企业反舞弊工作的负责人，还是反舞弊工作的具体执行者（一线调查人员），既然是交付产品，在开展各项反舞弊工作前，就应该使用各种方法，搞清楚产品的用户是谁，他们的需求是什么，他们的需求有没有超出正常的反舞弊工作范围，企业赋予的资源是否足以支持工作的开展，在最初的时候应该如何管理用户的期待，以及如何分步骤完善反舞弊工作体系。

负责人和执行者面对的用户是不同的，既可以用面对面沟通这种传统的方式，也可以采取其他灵活的方式，来获得用户对产品的需求和期待。

每个用户对反舞弊工作的需求是不一样的，对需求因人而异地进行分析，合理规划资源，是非常重要的。

二、我在这项工作中充当什么角色

反舞弊工作绝非某个带光环的英雄人物一人就能搞定的，也非某个英雄组织自己就能搞定的，它和企业的整体战略密切相关，很多时候，甚至可以决定一个企业的走向。

反舞弊工作的本质，是维护企业的使命、愿景、价值观。

作为专业的反舞弊工作人员，需要深入企业的核心业务，去了解业务细节，认真学习业务工作，并利用自己的专业给用户交付自己的价值。

作为一个反舞弊工作执行者，主要工作就是完成上级交付的工作任务，高标准完成工作指标，并通过适当的方式方法，将调查结论和管理建议传递给上层管理者；以自下而上的方式，影响上层管理者的决策，让他们及时对管理行为做出调整。

反舞弊工作负责人面临的工作，可能要复杂很多。

我的体会是，不但要修内功，还要外练筋骨皮。

一个反舞弊工作负责人的内功修为，不仅是要有过硬的专业能力、强大的意志力、出色的领导力，能搞定各种复杂的工作，更重要的是能搞定竖向的利益相关方和横向的合作伙伴。在勤修内功的过程中，解决需求和问题只是基本操作，更重要的是让自己的工作始终和企业顶层战略保持一致，并让内部的各种用户在服务真正的外部用户（客户）时形成合力，让不同的内部团队在工作中获得共赢。

一个反舞弊工作负责人的外功修为，就是要提升外部用户的使用感受。一个好的产品，应该兼具外观漂亮、使用方便、质优价廉。反舞弊工作负责人日常的工作对象，不仅是企业的内部员工，也包括企业的外部商业合作伙伴。这些都是反舞弊组织的外部用户。这些外部用户在写下对反舞弊工作评价的时候，他们评价的对象其实是你所在的反舞弊组织，以及你所在的企业，影响的是企业的品牌形象。用户的满意度，不仅影响着你所在部门的存在价值，更影响着你所在企业的发展历程。

三、我的目标是什么

反舞弊的最终目标，我的理解是，树立正确的企业顶层价值观，营造风清气正的组织氛围。

正如养鱼的本质是养水，虽然我从小就听说过这句话，但是屡次养鱼，我都迫不及待地把刚买来的鱼放进刚倒满了自来水的新鱼缸，结果往往是鱼很快就全部死亡。

营造环境，一定不是靠单纯的短平快和稳准狠。

做任何事情，看的都是用心程度和时间的积累，我想做反舞弊工作也是这个道理。大道在底层逻辑上，虽然不能说全部都格物致知，但是规律大部分都是相通的。

找到了这三个问题的答案，反舞弊工作才能算入了门。

如同金庸先生笔下的传奇大侠们，在了解了自己的使命、愿景、价值观后，他们做的第一件事并非照猫画虎，而是深刻研读每一部武功秘籍并向老师请教一招一式的目的和价值，掌握方法论。或许，我们可以把这部分叫作修炼内功，即掌握做反舞弊工作的方法和工具。

有了心法、做法，自然就到了实践部分。在我看来，实践和心法、做法分不开，三者是统一的，实践其实就是心法和做法的画布。在绘画的过程中，重要的并非天资过人，更多的是耐得住寂寞、极致严谨、认真对待细节和独立思考、坚韧不拔。

唯此，方能成就一番事业。

附　录　　**投诉举报案件调查工作指引及相关模板**

在本书的正篇结束后，为了提高本书的实用性，特整理了投诉举报案件调查工作指引及相关模板作为本书的附录内容。投诉举报案件调查工作指引及相关模板可指导舞弊调查组织的日常工作，是舞弊调查组织内部的重要文件。虽然是为了投诉举报案件编写的，但是实际适用于绝大多数舞弊调查工作。附录的内容除了调查工作指引外，还包括调查工作中常用的表格、文书及预案等，特别实用。

读者在使用时一定要结合实际，根据所处企业的舞弊调查工作实际进行调整。

附录1 投诉举报案件调查工作指引

一、案件受理及移交

1. 案件登记

投诉举报案件受理部门应设立专人负责举报和相关线索登记工作。在收到举报和相关线索后，登记人员要认真与举报人进行沟通，详细了解举报的相关内容，并且注意与举报人的沟通话术，具体实施可参考《接案人员沟通话术与注意事项》（详见附录2），沟通结束后填写《案件受理单》（详见附录3），并提交部门负责人审批是否受理。

部门负责人认为案件对公司有重大影响时，应将案件上报上级领导审批。

2. 案件受理和移交工作

案件受理部门负责人收到案件信息后，判断是否应由本部门调查：应由本部门调查的，交由本部门调查人员开展后续调查工作；不应由本部门调查的，移交对应部门进行调查。

二、调查基本流程及工作指导

1. 接受调查任务

确定案件调查部门后，受案部门负责人指定调查人员进行调查，并将《案件受理单》交给调查人员。

对于移交其他部门的案件，应在征得举报人同意的情况下，将所有案件信息移交，举报人不同意的，应将举报人相关信息脱密后移交。

2.调查准备工作

（1）与举报人前期沟通。

舞弊调查人员与举报人进行前期沟通，了解案件／事件基本情况、涉及人员，收集举报人现有证据，指导举报人如何进一步收集相关证据，并与举报人约定大致调查开始时间。具体实施可参考《接案人员沟通话术与注意事项》（详见附录 2）。

无法联系上举报人的，可以省略此步骤，直接针对举报内容中的线索和证据进行前期调查研判。

（2）前期资料收集。

舞弊调查人员应在实地调查前，调取涉事人员（举报人、相关证人、被举报人等）的人事档案，了解被举报人亲属、曾经和现任领导情况，分析被举报人人际关系。为保护举报人，防止被举报人察觉，可以适当扩大收集资料的范围。

舞弊调查人员应在实地调查前，经审批后获得本次调查所需财务凭证、项目审核记录、采购文档、制度流程等相关资料，了解案件／事件发生环境，从中发现更多线索、疑点，获取更多的相关证据。

（3）案件研判与调查分工。

研判前期搜集的证据资料，初步判断其涉及哪些舞弊行为，需要进一步调查的主要事项和需要固定的案件证据，确定调查的先后顺序，以及为舞弊调查人员分工，编写调查计划（简单案件可以省略调查计划编写），之后才可以开展调查工作。

3.调查阶段工作

（1）走访举报人和相关证人。

开展工作时，如有条件，尽量 2 人以上共同前往。询问、走访时，需详细询问案件发生的时间、地点、事发经过（涉及人员及分工，通过何种手段实施）、导致后果、知情人员（相关证人）情况、涉及人员情况（被举报人及同伙）、现有证据及获取途径等，并形成《工作谈话记录》（详见附录4）。谈话必须全程录音，必要时全程录像。

访谈开始时，舞弊调查人员需向被访谈人表明身份，并向被访谈人出示《员工协助调查权利义务告知书》（详见附录5），对于非公司员工可以不出示此告知书；访谈女性员工时，可以随机邀请其他女性员工陪同。暗访时不必遵循此项工作要求。

（2）收集补充证据。

在调查中，应及时向举报人、证人收集相关证据，同时继续从公司内部或外部收集案件／事件相关证据。如果外部证据不能直接取得，可以通过公安机关、律师事务所等渠道合法获得。

（3）约谈被举报人。

在了解案件／事件始末，掌握被举报人违规或违法证据，同时在不会给公司造成不良影响的前提下，可以约谈被举报人。

在调查过程中，若被举报人出现离职／调岗，或其他不可控情况，要及时上报调查部门负责人。具体实施可参考《调查阶段应急突发情况处置办法》（详见附录6）。

（4）汇报调查结论。

调查完毕后，舞弊调查人员应出具《调查报告》（详见附录7），并交由部门负责人初审。同时，舞弊调查人员应向部门负责人具体汇报此次案件／事件调查的过程和证据掌握情况，并回答部门负责人相关疑点质询。若出现证据不充分情况，舞弊调查人员应立即进行补充调查；若《调查报告》有纰漏，舞弊调查人员应立即进行修改完善后再次交由部门负责人审核。

初审结束后，舞弊调查人员应填写《调查结论审批表》（详见附录9），并上报部门负责人审批。

（5）案件移送司法机关。

被举报人行为已触犯《刑法》，需要提起刑事诉讼的，案件调查部门负责人应将《调查结论审批表》（详见附录9）上报上级领导审批。审批通过后，舞弊调查人员应整理调查文件，并出具报案材料（详见附录8），及时到案件管辖权所属公安机关报案。在公安机关受案后，舞弊调查人员应协助公安机关侦办案件，直到案件进入公诉阶段，再移交公司法务部。

被举报人涉及民事侵权，需要提起民事诉讼（不涉及刑事诉讼）的，案件调查部门负责人应将《调查结论审批表》（详见附录9）上报上级领导审批。审批通过后，舞弊调查人员应整理好调查文件，再移交公司法务部予以民事起诉。

4. 调查文件归档

（1）调查文件内容。

调查文件内容包括：《案件受理单》（详见附录3）、相关人员谈话录音和记录、公司管理制度、审批流程、财务凭证、人事档案、工作数据、调查期间收集的其他证据（书证、物证、视听资料、相关鉴定、电子证据）、《调查报告》（详见附录7）、《调查结论审批表》（详见附录9）。

（2）调查文件归档形式。

调查文件归档形式包括纸质文档和电子文档。内容尽量全面，纸质文档应通过扫描的方式归入电子文档同时保存。

由于数据量太大等因素无法打印出来的，可以仅保存电子文档，无须保存纸质文档。电子文档以文件夹形式体现。

录音、影像资料统一留存电子文档。

涉及诉讼的，尽量保留原始证据，或是咨询公司法务部如何留存对应证据。

（3）调查文档编号及名称。

纸质文档编号即调查报告编号，编号应遵循企业编号规则，编号在调查文档中要具有统一性和唯一性。

电子文档名称标准为调查报告编号＋项目名称（调查报告标题），如20××–001×××员工侵占××费用调查。

（4）调查文件归档工作指导。

调查案件完毕后，由该项目舞弊调查人员收集、整理调查文件，并形成纸质文档和电子文档，案件文档由案件调查部门统一保管，部门设立《案件登记总台账》（详见附录10），对案件档案进行统一管理。

调查文档由案件调查部门专人负责保管。

非公司CEO批准，不得将调查文档借给其他部门。其他部门借阅调查文档时需填写《调查文档借阅单》(详见附录 11)。

三、案件处罚、申诉

1.案件处罚和处理闭环

案件调查结束后,如有涉及违规违纪的,由调查部门统一发起案件处罚相关议定工作。通常处罚结果由多部门合议决定。常见的合议部门为人力资源部、法务部、审计部等,案件调查部门及被处罚对象所在部门可以提出各自意见,但是不能参与最终决策。

处理决定一般通过邮件形式告知被处罚对象和相关部门,涉及外部业务合作伙伴的,一般由公司内的商务对接人以邮件形式告知。告知时摘取最终裁决文书的处罚决定即可,不能将最终裁决文书直接传递给被处罚对象。

2.申诉

为简化处理流程,各部门在做出最终处理决定前,应将违规事项、拟做出的决定以书面形式告知处理对象,处理对象在收到上述内容后,如有异议可以申诉。申诉时应详细阐述申诉理由并提供对应的证据,申诉期为 7 个工作日,申诉期结束后,不再接收申诉意见。

收到申诉意见后,由调查部门负责人进行复盘审查,如有需要可以补充调查,然后进入合议流程。举报调查部门在调查过程中违规违纪的,由调查部门的监督部门进行复盘审查。复盘审查时,如发现新的违规事项,应将该事项通知申诉人,申诉人可以就新违规事项进行申诉,自通知之日起,申诉期重新计算。

四、回复举报人

举报案件受理后,为避免不回复举报人引发新的危机,应定期由案件调查人员向举报人回复案件的进展情况。案件调查结束,公司按照制度流程规定做出处理决定后,案件调查人员应就处理结果对举报人做出统一回复。具体实施可参考《投诉举报人回复话术和注意事项》（详见附录 13 ）。

五、调查组工作纪律和职责权限

调查组的工作人员应严守国家法律法规，尊重个人的基本权利，尊重事实和证据，坚持公平、公正、廉洁自律。

调查组调查均需公司授权，未经授权不得擅自开展调查工作。

有关调查组的工作纪律和授权规定见《调查人员行为准则、工作纪律、职责权限及处罚》（详见附录 14 ）。

六、调查人员回避

（1）投诉举报相关调查工作开展时，案件主责部门相关工作人员及其近亲属、同学、朋友等属于调查对象范畴，可能影响公正处理的，相关工作人员应予以回避。

（2）案件主责部门负责人属于回避范围的，该调查事项应由上级领导另行指定受理部门。

附录 2　接案人员沟通话术与注意事项

1. 与投诉举报人沟通内容

（1）表明身份。

向投诉举报人完整陈述自己所处的部门、职务，本次通话的目的，想要沟通的事项等。沟通时要注意语音语气，询问对方是否有沟通意愿，不要引起对方反感。

（2）了解投诉举报人基本信息。

在对方同意的前提下，详细了解对方的姓名、联系方式、身份背景等，通常不能直接询问对方身份证号码等隐私。

（3）说明投诉举报事项的处理流程。

将受理、立案、后续调查流程简要告知对方，尤其注意告知对方通常的调查周期，以及后续双方的沟通途径。

（4）说明保护投诉举报人的事宜。

详细阐述公司内对于投诉举报人保护的各种措施，消除对方的顾虑，但是不能做出不切实际的承诺。

（5）了解投诉举报人举报事项。

详细了解对方的举报事项，按照时间、地点、人物、起因、经过、结果简要记载相关案情。

（6）了解投诉举报人掌握的证据。

沟通时要注意对方已掌握的证据，必要时可以在了解简要案情的基础上，提示对方哪些材料可以作为证据使用。

（7）了解投诉举报人的诉求。

详细了解对方的诉求，但是不能做出任何承诺。

（8）保持联系。

一定要约定双方后续的沟通方式，明确告知后续舞弊调查人员如何与其对接，并且在确定舞弊调查人员后，提前告知对方舞弊调查人员的姓名和联系方式。

2. 注意事项

（1）注意消除投诉举报人的顾虑。

（2）尽量说服投诉举报人表明真实身份。

（3）尽量说服投诉举报人见面。

（4）尽量说服投诉举报人提供证据。

（5）不轻易做出承诺，不轻易发表意见。

（6）预判对方可能录音录像。

（7）心平气和、不卑不亢。

3. 案件／事件移交其他部门时的话术

您所投诉举报的事项已超出本部门调查管辖范围，但是您所反映的问题，我已经帮您移交公司 ××× 部继续处理，您可以直接联系 ××× 部 ×× 员工，联系方式方法是……。您如果发现违规、舞弊现象，可以再次联系我们。

附录3 案件受理单

案件受理单							
编号		接收时间		举报来源			
举报人		举报人联系方式		涉及公司及部门		涉及人员及职务	
举报内容							
举证材料清单							
案件线索							
接报人		案件调查部门负责人审批					
重大案件	（更高上级）审批						
处置结果			接收人				

附录 4　谈话记录模板

第＿次

工作谈话记录

时间＿＿＿＿＿年＿月＿日＿时＿分至＿＿＿＿＿＿年＿月＿日＿时＿分

地点＿＿＿＿＿＿＿＿＿＿＿＿＿＿＿＿＿＿＿＿＿＿＿＿＿＿＿＿＿＿＿＿＿＿

访谈人（签名）＿＿＿＿＿＿＿工作单位＿＿＿＿＿＿＿＿＿＿＿＿＿＿＿＿＿

访谈人（签名）＿＿＿＿＿＿＿工作单位＿＿＿＿＿＿＿＿＿＿＿＿＿＿＿＿＿

被访谈人（签名）＿＿＿＿＿＿性别＿＿＿＿＿＿年龄＿＿＿＿＿＿＿

身份证件种类及号码＿＿＿＿＿＿＿＿＿＿＿＿＿＿＿＿＿＿＿＿＿＿＿＿＿＿

联系方式＿＿＿＿＿＿＿＿＿＿＿＿＿＿＿＿＿＿＿＿＿＿＿＿＿＿＿＿＿＿＿

访谈人：我们是 ×× 公司的舞弊调查人员（出示工作证件），现根据公司相关规定代表公司与您进行工作谈话，您作为公司的员工请积极配合我们的工作。

被访谈人：

访谈人：这里有一份《员工协助调查权利义务告知书》，请您先阅读一下，阅读后在告知书上签字确认。

被访谈人：

访谈人：请您如实回答提问，如果有意隐瞒事实、诬告或者提供伪证，要承担法律责任，您明白了吗？

被访谈人：

访谈人：依据有关规定，如果您确认我部调查人员与被调查人员及事件有利害关系，可能影响本次调查结果的公正，您有权向合规与风险管理中心负责人申请相关人员回避，您申请回避吗？

被访谈人：_____

访谈人：您是何时入职的？

被访谈人：_____

访谈人：您现在的职务是？

被访谈人：_____

访谈人：说一下您入职后的工作经历。

被访谈人：_____

访谈人：您还有什么要补充的吗？

被访谈人：_____

访谈人：您以上说的是否属实？

被访谈人：_____

访谈人：请翻阅笔录，确认无异议后签字。

被访谈人：_____

附录 5　员工协助调查权利义务告知书

根据公司相关规定，调查部门调查人员享有以下权利。

（1）要求调查对象提供与调查事项有关的文件、资料、财务账目及其有关材料。

（2）查阅、复制、暂扣、封存与违反制度和纪律行为有关的文件、资料、财务账目及其有关材料。

（3）要求调查对象立即停止正在进行的侵害行为。

（4）责令涉嫌单位和调查对象在被调查期间不得变卖、转移、损毁有关财物，必要时可采取保全措施。

（5）约谈和质询调查对象，要求调查对象就调查事项所涉及的问题做出解释说明。

（6）责令涉嫌严重违反公司规章制度的调查对象停职、停薪，并要求在指定时间、指定地点就调查事项所涉及的问题做出解释说明。

（7）向调查事项涉及的相关人员进行求证、询问。

（8）对违反公司规章制度的行为有处罚的建议权和执行权。

（9）总经理授权的其他事项。

根据公司规定，涉及事件调查的公司各部门及相关人员（证据持有人、数据持有人、知情人、被调查人）享有以下权利、义务。

权利：

- 我国法律规定的相关人身权利；
- 对舞弊调查人员进行监督，如出现人身伤害、言语侮辱、限制人身自由等行为可向总经理和舞弊调查组织的监督部门申诉；
- 有权核对谈话记录，如记载有遗漏或者差错，有权要求补充或改正，经核对无

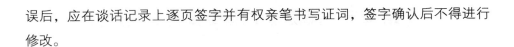

误后,应在谈话记录上逐页签字并有权亲笔书写证词,签字确认后不得进行修改。

义务:

- 配合舞弊调查人员调查取证,不得以任何方式阻碍调查;
- 不得包庇、袒护利益相关人,不得故意删改、捏造相关证据;
- 不得故意隐瞒事实真相;
- 不得泄密(包括但不限于舞弊调查人员情况、谈话情况、各类证据调取情况等)。

谈话员工签字:_____

附录 6　调查阶段应急突发情况处置办法

一、有可能危及调查人员人身安全的情况

1. 约谈过程中发生冲突时的常用处置方法

（1）被访谈人拒不配合访谈，舞弊调查人员可以让被访谈人直属领导/HR到场，协助访谈。

（2）访谈过程中被访谈人情绪失控，舞弊调查人员应言语安抚、劝诫被访谈人，并强调配合调查为员工义务，尽量缓解对方激动情绪。

（3）被访谈人辱骂、殴打舞弊调查人员时，舞弊调查人员可暂停谈话，转移到公共区域或有监控区域，保证自身安全，让被访谈人直属领导/HR到场协助，同时将情况上报调查部门负责人，由后者决定是否报警处理。

（4）舞弊调查人员受伤，应及时就医，并保留相关就医单据。

2. 被访谈人纠集社会人员/亲友围堵舞弊调查人员时的常用处置方法

（1）尽量转移到公共区域或有监控区域，保证自身安全。

（2）及时报警，同时将情况上报调查部门负责人。

（3）请民警了解对方身份及目的。

（4）对处置过程进行录音、录像，以便固定相关责任人的违法证据。

（5）在民警处置后，且民警尚在现场时，先行离开现场，避免被跟踪围堵。

二、访谈过程中被访谈人报警，声称限制人身自由的情况

这种情况下的常用处置方法如下。

（1）舞弊调查人员应与民警沟通，说明访谈时间为工作时间，员工接受访谈为正常工作内容，且未损害被访谈人正常行为权益（吃饭、喝水等），不属于限制对方人身自由。

（2）将情况上报调查部门负责人，同时让被访谈人直属领导/HR到场协助。

（3）若给公司造成不良影响，应按公司相关制度追究被访谈人的责任。

三、调查过程中，案件/事件知情人离职或调岗的情况

1.案件/事件知情人离职时的常用处置方法

（1）与案件/事件知情人及时沟通，争取对方继续配合调查，并问清离职原因。

（2）案件/事件知情人因受到排挤、不被分配工作任务等被迫离职，舞弊调查人员应及时了解投诉举报人是否将采取对公司不利的行为，予以安抚和劝诫，并及时将情况上报调查部门负责人。

（3）向案件/事件知情人了解被迫离职过程及所涉及人员，视情形可以另案调查。

（4）不向案件/事件知情人做复职承诺。

2.案件/事件知情人正在办理离职时的常用处置方法

（1）与案件/事件知情人及时沟通，争取对方继续配合调查，并问清离职原因。

（2）案件/事件知情人被迫离职时，根据调查需要，舞弊调查人员可以在请示调查部部门负责人同意的情况下，沟通人力资源部门暂缓办理离职手续。

（3）向案件/事件知情人了解被迫离职过程及所涉及人员，可以另案调查。

（4）不向案件/事件知情人做复职承诺。

3. 案件 / 事件知情人调岗时的常用处置方法

与案件 / 事件知情人及时沟通，争取对方继续配合调查，避免由于利益冲突，发生案件 / 事件知情人不配合调查的情况。

四、调查过程中，被投诉举报人离职 / 当前有重要工作的情况

1. 调查过程中，被投诉举报人已经离职时的常用处置方法

（1）舞弊调查人员在全面收集证据后，可以约谈被投诉举报人。

（2）被投诉举报人拒绝配合，舞弊调查人员可以采用到对方暂住地、户籍地、当前工作单位走访等方式，迫使被投诉举报人配合调查。

2. 调查过程中，被投诉举报人出现正在办理离职时的常用处置方法

（1）舞弊调查人员在已掌握关键证据的情况下，可以约谈被投诉举报人。

（2）舞弊调查人员在证据不足，但投诉举报人确实存在违规、违法嫌疑的情况下，可以在征得调查部门负责人的同意后，协调人力资源部门暂缓办理离职手续，为调查和收集证据争取时间。

（3）为不惊动被投诉举报人，可以以离职审计等理由暂缓办理离职手续。

3. 被投诉举报人当前有重要工作时的常用处置方法

（1）约谈被投诉举报人前，舞弊调查人员应充分考虑其职位、当前工作项目等因素，避免调查给公司造成项目停滞和经济损失等风险。可以视情况采取与被投诉举报人直属领导沟通的方式了解情况。

（2）如风险较低，且约谈不会占用过长时间，可以在与被投诉举报人直属领导提前沟通的前提下，立即约谈被投诉举报人。

（3）如风险较高，可以暂不约谈被投诉举报人。

（4）如风险较高，且被投诉举报人的侵害行为还在继续，给公司造成的损失还在扩大，应立即阻止其侵害行为。舞弊调查人员可以通过正常渠道上报审批（见

《员工暂停工作配合调查审批表》）。审批通过后，舞弊调查人员可以约谈被投诉举报人。

员工暂停工作配合调查审批表			
申请人		申请时间	
具体申请事宜	申请对 ××× 部 ×××（姓名＋职务）暂停当前工作以配合调查，预计暂停工作时长为 × 天		
申请理由	填写简要调查情况和暂停涉事人员工作的必要性		
涉事员工直属领导沟通情况	填写涉事员工当前工作＋涉事员工直属领导对于暂停工作可能出现情况的评估和意见		
调查部门负责人审批意见			
（更高上级）部门负责人意见			
CEO 审批			

五、不利于后期司法机关侦办案件的情况

约谈被投诉举报人前，应充分考虑是否会产生不利于案件后期移交司法机关的风险。舞弊调查人员应避免被投诉举报人被约谈后知晓被调查事项，否则容易发生故意隐匿、销毁证据，威胁、利诱知情人改变证言，与同伙串供、逃逸等情况。

附录 7　调查报告模板

【机密】

调　查　报　告

【请勿传阅】

编号：

调查项目名称：关于×××项目×××员工侵占××费用的调查报告

被调查部门：

调查时间：　　年　月　日至　　年　月　日

调查人员：

审核人：

审核通过时间：　　年　月　日

一、调查结论

　　20××年××月××日，调查人员×××接到关于×××项目×××员工侵占××费用的举报，经过前期准备，于20××年××月××日展开实地调查工作。

　　调查结论如下。

　　（1）20××年××月—××月，×××员工在×××项目工作期间，利用其职务便利，虚报 ×× 费用，并将款项占为已有，共计金额 ×××× 元人民币。

（2）20×× 年 ×× 月—×× 月，××× 员工在 ××× 项目工作期间，利用其职务便利，虚报 ×× 费用，并将款项占为已有，共计金额 ××× 元人民币。

…………

××× 员工侵占公司资金明细如表 1 所示。

表 1　××× 员工侵占公司资金明细

项目	金额 / 元	案件性质
总计		

二、具体调查情况

（一）××× 员工基本情况介绍

×××，男 / 女，×× 岁，身份证号为 ××××××××××××××××××，户籍所在地为 ××××××××××××××，20×× 年 ×× 月 ×× 日进入我司工作至今，现任 ×× 职务，劳动合同签约主体是 ××× 公司。

（二）调查经过

1. 相关知情人的走访

调查人员经对相关知情人走访得知，……

2. 项目费用审计

调查人员调取了 ××× 员工经手项目相关费用审批记录，经审计发现问题如下。

（1）……

（2）……

3.相关费用核实

…………

（以上内容主要体现调查和收集证据的过程。）

三、针对上述所查证问题的处理建议

（1）根据公司《××制度》第××章第××节第××条第××项的规定，建议给予×××员工辞退处理。

（2）×××员工的行为已触犯《刑法》，建议将此案件移送公安机关继续侦办。

…………

四、原因及改善建议

（1）……

（2）……

×××部（调查部门全称）

20××年××月××日

附录8　报案材料模板

报案材料

一、报案单位：×××××××，成立时间：××××××，注册地址：××××××××，实际办公地址：×××××××，经营范围：××××××××

二、委托报案人：×××，男/女，工作单位及职务：××××××××，身份证号码：××××××××××××××××，联系方式：××××××××××

三、嫌疑人：×××，男/女，工作单位及职务：××××××××，身份证号码：×××××××××××××××××，联系方式：××××××××××

四、举报内容与报案依据

20××年××月，我公司调查人员在工作中发现：20××年××月—××月，××××有限公司与我公司××（部门名称）经理×××在×××项目洽谈过程中，×××经理向××××有限公司索要好处费人民币××××万元。20××年××月××日，××××有限公司与我公司签署了《××××××合作协议》。

×××经理的行为已涉嫌违反《刑法》第一百六十三条之规定，望××××××分局对×××经理受贿一案受理侦查。

五、相关报案材料

1. 报案材料

2. 相关证人材料

3. ×××经理的劳动合同

4. 《××××××合作协议》及相关审批记录、会议资料

5. 报案单位营业执照复印件、法定代表人身份证复印件、授权委托书

6. ××××有限公司企业信息

…………

（报案单位名称及印章）

20××年××月××日

附录 9　调查结论审批表

调查事项名称	
案件 / 事件来源	管理层指定 / 自主发现 / 投诉举报
调查时间	
监察人员	

一、调查结论

1. ×××员工在×××项目中，向×××供应商索贿，索贿金额总计达××××万元人民币

2. ······

3. ······

二、调查经过概述

1. 问题一：案件 / 事件发生的时间、地点、经过（涉及人员及分工，通过何种手段实施）、导致后果。以上事实有证人证言、书证、视听资料······证据证明

2. ······

3. ······

三、处理建议

1. 根据公司《××制度》第××章第××节第××条第××项的规定，建议给予×××员工辞退处理

2. ······

四、管理建议

（一）问题原因

（二）改善建议

（续表）

调查部门负责人 审批意见	是否移交公安机关　　　　□是　　　　□否 是否移交法务部追偿　　　□是　　　　□否
更高上级审批意见 （如需司法介入）	
CEO 审批意见（如 需司法介入）	

附录 10　案件登记总台账

存档编号	线索来源	举报人姓名	举报人联系方式	举报时间	内部立案时间	是否移交其他部门	移交部门	案件接收人	案件发生城市	违规责任人	违规人所属部门	违规事项简述

问题类型	涉及流程编号	直属上级	更高上级（追溯二级）	外部涉案人员姓名	外部涉案人员联系方式	外部涉案单位名称	调查人员	调查开始日期	调查结束日期	处理结果	损失金额/元	追损金额/元	待追回金额/元	备注

附录 11　调查文档借阅单

序号	借阅文档编号	文档页数	借阅人	所属部门	借阅原因	批准人	是否复制电子版	借阅时间	归还时间	借阅人签字

附录12　案件处理决定审批模板

案件处理决定审批			
审批时间		提报人	
审批内容			
违规事项			
处罚建议	范例： ×××之行为涉嫌×××，依据《××制度》第××条第××款规定，拟做出以下处罚：		
整改建议			
调查部门意见			
合议意见			
CEO 意见（重大案件）			
最终结果			
处理决定归入对应调查项目纸质档案内保存			

附录13　投诉举报人回复话术和注意事项

1. 应当回复事项

除案件/事件调查需要外，下列事项属于应当回复投诉举报人的内容，建议舞弊调查人员视实际情况开展工作。

（1）对于影响投诉举报人个人利益的事项，通常应当予以回复。

（2）对于无法解决的事项，或是不属于公司管理范围的，应当予以回复。可以从法律层面给予一定的解读，或是建议对方自行寻求法律援助。

（3）常用回复话术如下。

您好，投诉举报事项已经调查完毕，基于您所提供的证据和我们的调查，×××员工确实存在违规或违法问题。依据公司相关制度，公司已经对×××员工进行了相应处理。感谢您对公司反舞弊工作的支持和配合。

2. 与投诉举报人的沟通频次

除案件/事件调查需要外，通常案件/事件调查周期不超过1个月，调查结束后反馈即可，对于情绪特别激动的人员，可以适当增加沟通频次。案件/事件调查时间长的，可以每月沟通，其主要目的是不引发进一步危机，防止调查部门失信。

3. 不予回复事项

虽然投诉举报人大多有一定的诉求，但是为了维护公司利益，或是舞弊案件/事件调查的需要，事实上还是有很多事项不便告知投诉举报人，下列内容通常不建议告知投诉举报人。

（1）影响公司声誉的事项。

（2）涉及公司机密的事项。

（3）涉及违规员工处理的事项。

（4）涉及后续管理调整的事项。

（5）社会热点事件。

上述事项未完全列举，且舞弊调查人员要结合工作实际，不可生搬硬套。根据不同的情况，采取不同的沟通策略是舞弊调查人员的基本素质。

4. 不予回复事项的基本话术

一般采用模糊的方式表明某事项不予回复，切忌生硬地拒绝予以答复，否则极易激化矛盾，引发新的危机。另外，群体性事件、社会热点事件可以由公关部门统一对外答复。

常用回复话术如下。

（1）您好，投诉举报事项已经调查完毕，但是后续处理涉及违规员工隐私，不方便告知您具体细节。

（2）您好，投诉举报事项已经调查完毕，但是后续的管理调整、处置方案涉及公司管理机密，不方便告知您具体细节。

（3）您好，投诉举报事项已经调查完毕，但是后续公司处理决定将由公司的公关部统一对外公布，您可以关注公司的相关新闻（涉及舆情和社会热点事件的）。

附录 14　调查人员行为原则、工作纪律、职责权限及处罚

1. 调查人员行为原则

客观、公正、合法、合规、保密。

2. 调查人员工作纪律

（1）除公司 CEO、调查人员所在部门负责人、监察人员之外，严禁向任何人透露案件/事件情况、我方调查计划、举报人情况等重要信息。

（2）严禁将调取资料、数据丢失或泄露。

（3）严禁违法收集证据。

（4）严禁采取打骂、侮辱、非法拘禁等手段对调查对象进行人身侵害。

（5）严禁索要、收受贿赂。

（6）严禁调查期间与案件相关的人员进行非工作性质接触。

（7）严禁超越本职权限。

（8）其他国家法律规定及公司制度规定的禁止事项。

3. 调查人员职责权限

（1）要求调查对象提供与调查事项有关的文件、资料、财务账目及其有关材料。

（2）查阅、复制、暂扣、封存与违反制度和纪律行为有关的文件、资料、财务账目及其有关材料。

（3）要求调查对象立即停止正在进行的侵害行为。

（4）责令涉嫌单位和被监察对象在被调查期间不得变卖、转移、损毁有关财

物，必要时可采取保全措施。

（5）约谈和质询调查对象，要求调查对象就调查事项所涉及的问题做出解释说明。

（6）责令涉嫌严重违反公司规章制度的调查对象停职、停薪，并要求在指定时间、指定地点就调查事项所涉及的问题做出解释说明。

（7）对调查事项涉及的非直接调查对象进行求证、询问。

（8）对违反公司规章制度的行为有处罚的建议权和监督权。

（9）公司授权的其他事项。

4. 调查人员违反工作的处罚

（1）违反工作纪律中的（1）~（6）条款，直接辞退。

（2）违反工作纪律中的（7）~（8）条款，参照员工奖惩制度处理。